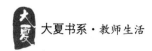 大夏书系·教师生活

教师职业
幸福的秘密

杨 斌◎著

目 录
Contents

序　幸福在哪里　　　/1

第一辑　快乐就藏在职业本身　　　/1
  梁启超的教师观　　　/3
  陈寅恪和他的两个学生　　　/6
  想起了蔡元培　　　/9
  宗白华的人生散步　　　/13
  初为人师的沈从文　　　/17
  叶圣陶的启航岁月　　　/20
  叶圣陶"为人生"的教育观　　　/24
  叶圣陶关于教育的比喻　　　/27
  苏霍姆林斯基如是说　　　/29
  春风沂水咏而归　　　/33
  河汾之风，山高水长　　　/36

第二辑　真情是最美的花朵　　　/41
  一辈子学做教师　　　/43

于丹的眼泪　　　/46

我们该以怎样的姿势站立　　　/49

一个无法忘怀的故事　　　/52

让工作滋养生命　　　/55

真情是最美的花朵　　　/59

成人之美　　　/62

孩子，爱你并不容易　　　/65

这样的滋味你有没有　　　/68

饭桌上的三个小段子　　　/71

一本毕业纪念册　　　/74

老师语录　　　/79

千年紫藤，一个教育寓言　　　/83

让墙壁开口说话　　　/87

校园的落叶和蔓草　　　/90

校长，请晒晒你的"全家福"　　　/94

第三辑　职业幸福从创造开始　　　/99

有一种美，叫教育　　　/101

那一枚优雅迷人的贝壳　　　/104

还有谁动了我们职业幸福的奶酪　　　/107

那一支教鞭的美丽和神奇　　/110

课堂是教师的一亩三分地　　/113

职业幸福从创造开始　　/117

创造型教师的特征　　/120

细节，无处不在　　/123

脱下你的情绪"套鞋"　　/126

让你的学科富有魅力　　/129

为谁辛苦为谁甜　　/133

我们是"萝卜"，我们也是"肉"　　/135

第四辑　职业幸福与光环无关　　/139

从奥赛金牌到创造性人才有多远　　/141

好一道沉重的作文题　　/143

"教八股"扼杀创造力　　/147

教育家成长的土壤和气候　　/150

"母校"的神圣和庄严　　/153

谁应该成为校庆的主角　　/156

"教学沙皇"还是学术民主　　/159

"光环"种种　　/162

我们为什么要春游　　/165

童年，人生已经开始　　/169

第五辑　"相信种子，相信岁月"　　/173

　　朋友，你也能走得更远　　/175

　　种子和岁月　　/179

　　送不出去的中秋月饼　　/181

　　陶罐、笔筒以及一篇习作　　/184

　　往事从不如烟　　/189

　　对不起了，我（20）班的弟子们　　/193

　　你的文字是从哪里生长出来的　　/197

　　也是一种二律背反　　/201

　　说不清明天的风　　/204

　　走近李泽厚　　/208

　　做一颗饱满的种子　　/213

附录　青年教师发展需求调查问卷及其分析　　/217

后记　　/221

序　幸福在哪里

幸福在哪里，

朋友啊告诉你，

她不在教鞭下，

也不在分数里，

她在诗意的晨诵中，

她在美妙的午读里。

啊，幸福就在你闪光的暮省里。

幸福在哪里，

朋友啊告诉你，

她不在灯光下，

也不在题海里，

她在温馨的共读中，

她在快乐的共写里，

啊，幸福就在咱共同的生活里。

幸福在哪里，

朋友啊告诉你，

她不在霓虹下，

也不在酒杯里，

她在理想的愿景中，

她在田野的行动里，

啊，幸福就在你芬芳的果实里！

幸福在哪里，

朋友啊告诉你，

她不在名利下，

也不在地位里，

她在悲悯的情怀里，

她在合作的精神里，

啊！幸福，就在这全新的教育里！

  当我读到杨斌老师这本《教师职业幸福的秘密》书稿的时候，我脑海里首先浮现的就是3年前在河南焦作听到的这首歌。这是一位名叫麦苗青青的老师在题为"幸福在哪里"的教师沙龙上唱的。河南焦作是新教育的实验区，2008年开始全面推进新教育，许多一线的老师参加新教育实验以后，晨诵午读暮省的儿童生活方式，教师专业阅读、专业写作、专业发展共同体等，让许多教师改变了自己的行走方式，让他们发现，教育原来可以如此美丽，教师的生活原来也可以如此幸福。

  所以，拿到杨斌的书稿，我当然非常关注他是如何看待教师的职业幸福的，他理解的教师职业幸福与新教育实验的主张是否相同。

  大约两年前，我应邀为杨斌的《什么是真正的教育：50位大师论教育》一书作序。当时，其中有几个专辑的名称让我眼睛一亮，比如"知识的魅力"、"童年，人生已经开始"、"教师职业幸福的秘密"等。后来，看到杨斌发表在《教师月刊》上的"答读者问"，才知道他这本书的六个专辑，其实有着严密的内在逻辑联系：六个专题，六根支柱，支撑着他心目中教育美学理想的架构。而那本"50位大师论教育"的名著读本，只不过是他理想工程的一种准备和奠基。

没有想到的是，仅仅时隔两年，六根支柱之一的《教师职业幸福的秘密》书稿，就又发到了我的电子信箱，而且再次邀我写序。虽然最近一直忙于利用业余时间整理16卷的《朱永新教育作品》，但为了写序，还是断断续续读了很久。杨斌是我非常熟悉的优秀语文教师，他所在的苏州一中，是我们民进老主席叶圣陶先生的母校，我们都非常热情地共同关心着叶圣陶教育思想的学习、研究和实践工作。近两年来，仅仅是因为叶圣陶的机缘，我们就在几次会议上碰头和交流。再说，正如杨斌在来信中所说，教师职业幸福的概念是由我比较早地提出来的，我曾多次在演讲和文章中说过，要让教师和学生共同过一种幸福完整的教育生活。既然如此，现在有这方面的研究著作出版，似乎不说上几句，也有点不合情理。

翻阅着这本《教师职业幸福的秘密》书稿，我发现杨斌对该问题的观察与实践、思考与认识，颇具新意，而且已经达到了一定的深度。这从本书的五个专辑名称上，即可以看出一些端倪："快乐就藏在职业本身"、"真情是最美的花朵"、"职业幸福从创造开始"、"职业幸福与光环无关"、"相信种子，相信岁月"，这最后一个标题，就是借用我们新教育人的响亮口号。杨斌从教育教学活动的细节出发，从教师劳动的性质和特点出发，感性地也是理性地，历史地也是逻辑地对教师职业幸福展开多维度的考察，其角度是新颖的，视野是开阔的，阐述是辩证的，感悟是深刻的，尤其重要的是，叙述是生动的，因为不是理论专著，而是在一个个鲜活生动的教育故事的展开过程中，或层层剥笋，或见缝插针地相机议论，让结论水到渠成，观点包蕴其中，因此读来毫无生涩之感，非常轻松而愉快。

我一直认为，教师做得精彩，才能写得精彩。杨斌老师从他自身以及身边的同事身上，捕捉到了一个个精彩的教育细节，感悟到了教师职业幸福的真谛。这种源于实践的总结和反思，应该是教师专业成长的重要一环。没有作者多年如一日的实践积累和思考，是不大可能产生如此新鲜丰厚的教育感悟的。

近些年来，在大江南北长城内外风生水起的新教育实验，就是基于这样一个朴素的梦想——让师生过一种幸福完整的教育生活。我们努力通过"四个改变"，让师生过一种幸福完整的教育生活。第一，改变教师的行走方式。这是我们整个新教育实验的宗旨。新教育实验在最初的时候，就把教师的发展放在首位，提出让教师享受教育的幸福，享受成长的幸福，享受自己发展的快乐，追求教育理想的成功。第二，改变学生的生存状态。我们希望让学生过一种幸福完整的教育生活，通过塑造未来的公民而创造未来。新教育实验的培养目标是既具有民族情怀，又有着全球视野，既有本真的生命体验，又拥有全面的科学知识、具有创造能力的未来公民。在实验中，我们一直期待孩子心里有梦想，脸上有笑容，一直追求学生能够和教师对话，一直追求教给学生终身有用的东西。第三，改变学校的发展模式。学校是我们共同生活的场所，是教育活动的中心。我们只有把学校改造成真正的学习型组织，成为真正的学习共同体，拥有杰出的校长、优秀的教师队伍，拥有具有特色的发展模式，这样才能让学校得到真正的发展。第四，改变教育科研的范式。教育科研是活生生的研究。在教育领域中，研究者和研究对象都是主体，你和我，并不是分体的，是你中有我，我中有你，共同构成的一个新的团体。

我很高兴地看到，新教育实验的理念，不仅正在变成有 32 个实验区、1200 多所学校，超过 100 万师生参与的新教育人的自觉行动，而且，也正在日益影响着新教育实验圈外的教育同仁。新教育不是一个精英俱乐部，而是一个宽容开放的团队，不管圈内圈外，只要认同并实践新教育的理念，只要从各自不同的方位，积极致力于改善中国的教育生态，只要是在真心实意地推进素质教育，我们就是同道，就是战友，就是向着一个共同方向前进的教育追梦人。本书作者杨斌所在的学校虽然没有参加新教育实验，但他坚持不懈矢志不移地在教育追梦的路上执着行走，所以，他具有新教育人的气质与追求。

教师职业的幸福是一个说不尽的话题，也是广大一线教师迫切关心并且希望得到答案的话题，更是深入实施素质教育必须破解的一道难题。因为没有教师的职业幸福，就没有也不可能有学生的幸福！对于这个话题，我们新教育人用自己的话语体系说了，杨斌也用自身的体验和感悟说了，我们有很多共识，甚至有许多共同的话语，如他所说的"相信种子，相信岁月"，就是新教育人的共同密码。

幸福是人类永恒的追求，也是教育永恒的目标。教师的幸福是幸福完整的教育生活的基础，需要有更多的人在实践上进一步探索，在理论上进一步深化，希望有更多的人来关注研究这个问题，更祝愿有更多的教师过上幸福而完整的生活！

是为序。

朱永新
2011年7月27日于北京滴石斋

第一辑

快乐就藏在职业本身

教育的魅力何在？教师职业幸福的源泉何在？

穿越岁月，走近历史，聆听大师对教育的诠释，缅怀前贤的师表风范，我们顿然明白：热爱源于理解，卓越因为执著。

当我们对教育历史方位的辨识日益清晰，当我们逐步找回曾经失落的教育精神，当我们对人生的顿悟渐入佳境……你会发现：教育，原来可以如此朴素而美好；快乐，原来可以和教师职业如影相随。

梁启超的教师观

说起梁启超，人们想到的往往是跟随康有为参加"公车上书"和"百日维新"，受到光绪皇帝召见的那位戊戌志士，也会想到曾在《时务报》、《新民丛报》等阵地上笔走龙蛇、叱咤风云的启蒙思想巨子。但是，人们可能不会想到，梁启超还曾是一代名师，曾是一位卓有建树的伟大的教育家。

戊戌变法失败后，梁启超逃亡海外，周游列国，辛亥革命后回国。从20世纪20年代开始，他就在北京大学、北京师范大学和南京东南大学讲学，并任清华国学研究院导师，成为"左有王国维、右有陈寅恪"的清华国学研究院"四大导师"之一，一时风云际会，蔚为杏坛壮观。

且看梁实秋笔下的先生梁启超的风采：

> 先生博闻强记，在笔写的讲稿之外，随时引证许多作品，大部分他都能背诵得出。有时候，他背诵到酣畅处，忽然记不起下文，他便用手指敲打他的秃头，敲几下之后，记忆力便又畅通，成本大套地背诵下去了。他敲头的时候，我们屏息以待，他记起来的时候，我们也跟着他欢喜。

> 先生的讲演，到紧张处，便成为表演。他真是手之舞之足之蹈之，有时掩面，有时顿足，有时狂笑，有时叹息……

> 他讲得认真吃力，渴了便喝一口开水，掏出大块毛巾揩脸上的汗，不时地呼唤他坐在前排的儿子："思成，黑板擦擦！"梁思成

便跳上台去把黑板擦干净。每次钟响,他讲不完,总要拖几分钟,然后他于掌声雷动中大摇大摆地徐徐步出教室。听众守在座位上,没有一个人敢先离席。

一位意气风发、激情澎湃的教师形象栩栩如生,呼之欲出。看得出来,处于晚年的梁启超是颇为醉心于他的粉笔生涯的!走上讲台的他非但没有丝毫人生失意之态,相反,书生本色未改,大师气象已成。清华讲坛,俨然成为梁启超寻觅已久的"英雄用武之地"。这在今天许多视名利为人生要义、视官阶为人生价值的人看来,简直不可思议。然而,梁启超超然灿然坦然恬然,一派自得其乐的样子,是什么使这位一生奔波于世务的社会活动家此时息影校园且甘之如饴的呢?阅读梁启超这一时期的教育演讲和著作,从中可以看得出来这与他的教育观特别是教师观有关。

梁启超一生致力于社会变革,而晚年的亲执教鞭仍然与他的政治理想有关。因此,梁启超的教育观立足于未来,着眼于中国的富强和国民的思想进步,他把教育中国人做现代人、做新式的国民作为教育的宗旨。有人曾把他走上清华讲坛比作孔子晚年的收徒讲学,是典型的儒家风范,既可以兼济天下,又随时能从政治活动中抽身,"通过退而结网和著书立说,把自己业已逐渐成长起来的精神状态刻画和表达出来,从而成就后世所谓的名山事业"(刘东:《晚年梁启超比青年更加辉煌》)。由此可以认定,晚年的梁启超比青年时的他更辉煌。比较梁启超的青年和晚年哪个更辉煌不是本文的任务,也很难形成共识,但有一点可以肯定,梁启超的执教清华,显然可以看成是其实现政治理想的继续而不是终止。有了人生理想,有了责任心和神圣感,才会兢兢业业、孜孜不倦;如果只是把教职等同于其他"饭碗",面对复杂的教学劳动怕是难以产生出高昂的激情和热情的。

但是，这仅仅是问题的一个方面。教育工作毕竟十分辛苦和琐碎，如果仅有一腔热诚，缺少对教育事业的热爱尤其是对这份职业的工作乐趣，那么要想把工作做得有滋有味，也是不容易的。梁启超应该就是那种既深刻明白工作的意义和价值，又能从教学工作中寻觅无穷乐趣的一类人。梁启超认为，教书是一件乐趣无穷的事。乐趣之一是看着新生命的成长日新月异，如同看着花卉的发芽、长叶、含蕾、开花一样，这是生命之乐。乐趣之二是可以得到情感回报，你有多少情分给它，它自然有多少情分给你，只有加多，断无减少，这是情感之乐。乐趣之三是教学合一，工作和学习合二为一，在教诲学生的同时，自己也得到了提高，这是学习之乐。

且看他在演讲《教育家的自家园地》中的夫子自道：

> 教育家特别便宜处，第一，快乐就藏在职业的本身，不必等到做完职业之后找别的事消遣才有快乐，所以能继续。第二，这种快乐任凭你尽量享用不会生出后患，所以能彻底。第三，拿被教育人的快乐来助成自己的快乐，所以能圆满。乐哉教育！乐哉教育！

这段话说得很清楚，教师职业和其他职业最大的不同，就是乐趣就在职业本身，而不必再去另寻乐趣。在《趣味教育与教育趣味》一文中，梁启超也说过类似的话。他说："教育本就是一件趣味无穷的事，之所以人们认为教育没有趣味，是因为有人摧残了教育的趣味。从学生的方面说，要进行趣味教育，教师就要让学生领会到学习的乐趣，不能摧残学生学习趣味。"梁启超认为摧残教育趣味的原因有三条："头一件是注射式的教育，第二件是课目太多，第三件是拿教育的事项当手段。"教法不当，让学生没有学习积极性；学业负担太重，自然也少了趣味；教育观念有误，拿教育当功名利禄的"敲门砖"，也丧失了教育趣味。要让学生体会趣味教育，教师自然要有教育趣味。教育趣味何在？就在"学而不厌"和"诲人不倦"。梁启超说："人生在世数十年，干什么事都不能无烦恼，独有好学和好诲人。若真能在这里得了趣味，还会厌吗？还会倦吗？孔子说'知之者不如好之者，好之者不如乐之者。'诸君都是在教育界立身的人，我希望能从教育的可好可乐之点上确实体验。那么，不唯诸君本身得无限受用，我们全教育界也增加许多活气了。"

梁启超说这番话的时候，是在大约 100 年前。一个世纪之后的今天，我们的教育面貌翻天覆地，可我们教师的职业倦怠却似乎绕了一个圈又回到当年，摧残学生的学习趣味，也让教师自己对职业索然无味的现象屡见不鲜。课堂缺乏生机，学生负担过重，学业成为功名利禄的"敲门砖"，三条一样不少。历史老人的蹒跚步履，真的是格外艰难啊！哪怕是向前一小步，都要付出极大的代价。

因此，重温梁启超先生当年的话，也就不显得多余了。

陈寅恪和他的两个学生

人们都知道陈寅恪是 20 世纪中国的学术大师，却很少有人知道他也是一代名师。读了下面两则陈寅恪和他的学生之间的道义佳话，相信没有人不羡慕这位陈先生作为一名普通教师在教师职业上所获得的巨大成功和莫大荣耀。或许，你会啧啧称叹：为师若此，此生值了！

1967 年底，陈寅恪卧病在床。红卫兵要抬陈寅恪先生去大礼堂批斗，陈夫人知道虚弱的陈先生要是真的被拉出去，可能就很难保命回家了。于是她出面阻止，但被造反派狠狠地推倒在地。当时，陈寅恪先生在清华国学研究院的嫡传弟子、中山大学前历史系主任刘节教授挺身而出代替老师去挨斗。批斗会上，"小将"们对年过60的刘节轮番辱骂、殴打，之后又问刘节有何感想，刘节昂起头，答："我能代替老师挨批斗，感到很光荣！"结果遭到红卫兵们更加猛烈密集的辱打。（蒋天枢：《陈寅恪先生编年事辑》）

记录这件事的作者、复旦大学的蒋天枢教授，也是陈寅恪早年在清华国学研究院的学生，师生之间同样演绎着一段情重如山的道义佳话。1949年之后，师生两人虽然一个在广州、一个在上海，见面不多，但先生却充分信赖晚年只有两面之缘的学生蒋天枢，病榻上将编定的著作整理出版全权授予蒋天枢。学生蒋天枢也的确担当得起这份信赖。早在1958年，他在其《履历表》"主要社会关系"一栏中就曾这样写道："陈寅恪，69岁，师生关系，无党派。生平最敬重之师长，常通信问业。此外，无重大社会关系，朋友很少，多久不通信。"其时，批判资产阶级史学权威的政治运动正如火如荼，蒋天枢在这种只会带来麻烦而不会有任何好处的"社会关系"中，丝毫不掩饰对老师陈寅恪的敬重之情，足见其为人之忠厚笃实。接受了恩师的"性命之托"之后，蒋天枢放弃了自己学术成果的整理，全力校订编辑陈寅恪的遗稿，终于在1981年出版了300余万字的《陈寅恪文集》，基本保持了陈寅恪生前所编定的著作原貌，作为附录还出版了他编撰的《陈寅恪先生编年事辑》。有人说，20世纪80年代的陈寅恪在学术界如异军突起、横空出世，与蒋天枢呕心沥血出版的这套《陈寅恪文集》干系甚大。（《中国青年报》：《蒋天枢：师道的重量》）

仔细考量两则故事中学生对恩师的态度，不难感到，学生敬重老师之处，除学问之外，可能更重要的是其人品，或者说是其人格的魅力。刘节教授以"代老师挨斗"为骄傲和自豪，自然有对"文革"时黄钟毁弃、瓦釜雷鸣的鄙夷不屑。但毋庸置疑的是，刘节对其老师陈寅恪先生独立人格的仰慕和推崇，是因为陈寅恪先生独特的人格魅力感召了学生。同样，蒋天枢晚年倾尽精力，完成老师生前的"性命之托"，也不仅仅是为了传布老师的学问，内心深处应该有一种古道热肠的道义担当和对老师人格魅力的钦敬仰慕。所以，刘节教授可以不顾自己的安危，蒋天枢教授可以不计个人得失，萦系他们心怀的是如何不辜负老师，如何配得上做老师的学生。

岁月流逝，我们今天已无法得知陈先生当年在清华国学研究院时的教学事迹，我们现在没有必要也不太可能复制那种生死担当、性命相托的师生高义。我们所关心的是，今天，我们应该如何当老师？我们是否可能从榜样陈寅恪那里学得一些教师职业成功的秘密？曾经听过一个并不全是戏言的黑色幽默：今天的老师，如果你每年的学生中有五个能回来看你，那么，你就是大师了！这么说，并不全是责备现在的学生薄情寡义，也不是为今天的教师做开脱和自我安慰，就是在表达一种真实：时代变迁，师生关系已经今非昔比，那种纯朴醇厚的人情道义早已经被稀释殆尽、不再存在了。

当然，这里有现代社会的一种必然。现代社会追求的是契约和平等，师生关系也应以民主、平等、相互尊重为前提。从某种意义上说，这也是社会的一种进步。你很难想象，当年，双目失明的陈寅恪在家里和应约而来的学生蒋天枢谈话，恰好陈夫人不在身边，没有人招呼他，已目盲的陈寅恪也不在意，径直开始谈话，结果蒋天枢就一直毕恭毕敬地站在老师床边听着，几个钟头始终没有坐下。那年，蒋天枢已年过花甲，而且他也已经是复旦大学大名鼎鼎的教授了。这样的师道尊严显然不是我们今天所要提倡的。但是，为师者还应有为师者的追求，为生者也应有为生者的本分。譬如，在陈寅恪身上，那种对独立人格和自由思想的追求，那种对学术的执著和呕心沥血，那种对教师为人师表风范的秉持，尤其是对一名独立知识分子精神的坚持，应该仍然是今天为师者学习的榜样和楷模。

近些年来，社会上强调得比较多的是师生平等和教学民主，弄得一些青年教师往往搞不清楚这民主平等和为人师表之间的关系，以至于官方也竟然闹出"班主任有权批评学生"的笑话！我以为，平等主要是人格上的平等。教师不能歧视学生，不能不尊重学生，哪怕是学习成绩不好的学生；但是，应该严格要求的时候还必须严格要求，既对学生严格要求，也对自己严格要求。这是教师对社会应尽的一份责任！以前我所教的班上有一名学生，在周记中对进城务工的农民工说三道四，什么影响市容、扰乱秩序等，口气中有着明显的歧视情绪。我当即在评语中给予严肃批评，并且请来谈话，耳提面命、正颜厉色，同时也动之以情，晓之以理，直说得这个高三学生点头称是。

作为教育者，我们追求培养什么样的人？当然不能仅仅培养"读过书的人"，而应努力多培养一些富有社会责任感的现代知识分子。至少，也应该让他们有理想、有爱心、有追求、有正义感，而不是仅仅拿读书做"敲门之砖"。而要做到这些，首要条件就是我们教师自身要有点知识分子的精神气息，哪怕我们只是被称为"孩子王"的中小学教师，也自应有我们的一份责任在！

想起了蔡元培

20世纪的中国教育注定要和美育结缘！

上世纪之初（1912年），时任国民政府教育总长的蔡元培先生极力倡导美育，终将美育写进了国民政府的教育方针；在经历一个世纪的风风雨雨、曲曲折折之后，1999年，全国教育工作会议又一次确定美育为国家教育方针。历史好像绕了一个圈。当然，这是一个螺旋式的圈。然而，这个"圈"对于蔡元培先生，尤其对于蔡元培先生的美育思想，究竟意味着什么呢？蔡元培这个名字对于我们今天的教育又有怎样的借鉴意义呢？

在"风雨如晦，鸡鸣不已"的20世纪初叶，蔡元培的美育主张如同他所追求的资产阶级社会理想一样，最终只落得个"无可奈何花落去"的凄凉结局。所以，蔡元培先生的塑像，在文学家卞毓方的笔下，是"不管如何变了角度端详，总觉得先生的目光微含忧郁，抑或是期待；淡淡的，淡淡的，像是壮士闻鸡，又像是英雄凭栏……"（《煌煌上庠》）。然而，不可否认的是，当年，蔡元培高瞻远瞩，把美育写进了国家的教育方针，无论怎么夸大其意义都不为过。这无疑是现代中国教育史上最为重要的一块奠基之石。蔡元培，无论怎么说，都应当是中国教育史上绕不过去的一位泰斗。

想当年，蔡元培先后掌教育部和北京大学之门，也算是中国教育文化界的一个重量级人物。在教育方针中首倡美育，更是开一代风气之先，被毛泽东誉为"学界泰斗，人世楷模"。可是，在很长的一段日子里，蔡元培却被人们遗忘了。虽然北大校园里蔡元培的那座塑像依然静静肃立，但作为一位伟大的思想巨人，是不是显得过于寂寞了点儿呢？

我们真的能绕过这样一位现代文化史上的巨人吗？不可能，也不应该！历史是不能割断的。只有站在巨人的肩膀上，才能比巨人看得更远。对于蔡元培留下的那笔文化遗产，我们应当实事求是地予以研究、分析，继承其中的精华，根据变化了的历史条件和新的形势，找出符合实际的解决问题的办法。

那么，在美育问题上，蔡元培先生给我们留下了哪些思想遗产呢？

首先，是美育于人生的意义。他认为，美育可以提高人的道德情操、培养人的献身精神和创造能力，以便为救国、为革命、为建设出力。他说:"人人都有感情,而并非都有伟大而高尚的行为,这是由于感情推动力的薄弱。转弱而为强,转薄而为厚,有待于陶养。陶养的工具,为美的对象,陶养的作用,叫作美育。"正是从这种积极的审美观点出发,他才那样看重美育,认为"美育为近代教育之骨干"。他一生倡导美育,在实施美育的过程中,始终把提倡美育和反对封建专制、批判宗教迷信、反对帝国主义侵略紧密联系在一起。这在当时的历史条件下,进步意义是不言而喻的。今天,人们对美育的冷漠,是不是与人们对美育的意义认识不足有关呢?

其次,是美育与创造的关系。蔡元培倡导美育的另一个动机,就是认为美育能激发创造精神。以美术教学为例,美术是美育的一个重要途径,应该如何进行美术教学呢?蔡元培认为,一定要让孩子自己去创造。"美育之在普通学校内,为图工音乐等课。可是亦需活用,不可成为机械的作用。从前写字的,往往描摹古人的发帖,一点划,依样后来葫芦,还要说这是赵字哪,这是柳字哪,其实已经失却生气,和机器差不多,美在哪里?"蔡元培指出这一点非常重要,他抓住了美育的精神实质。正是因为美育能培养创造精神,能激发创造的欲望,并且能促进智力的发展,蔡元培才发出了这样的号召——"文化运动不要忘了美育",并且获得了当时教育界和社会的极大响应和拥护。

第三,是蔡元培以思想家的睿智和深刻,拓展了美育的范围。蔡元培敏锐地提出了一个著名观点,即学校的美育不限于音乐、美术,甚至也不限于文学。蔡先生指出:"凡是学校所有的课程,都没有与美育无关的。"蔡先生不愧是一个卓越的教育家,他有着常人所不具有的目光。就像当年在北大石破天惊地提出"思想自由,兼容并包"的方针一样,蔡元培先生的学科美育观,其意义也是非常深远的。他不仅拓宽了美育的研究领域,尤为重要的是,他为学科美育的发展指明了方向。而这一点,在此之前,还从来没有人指出过。沿着蔡元培指出的方向继续研究，或许是我们今天学科教学前进的重要路径。已经有学者指出：学科教学在经历了知识中心、能力中心这两个发展阶段之后，正向着审美中心的方向发展。审美中心，意味着学科教学突破了知识能力本身，而和人的生命、人的发展紧紧地联系了起来。在学术研究上，高瞻远瞩、言简意赅地指出研究方向，比在同一平面上的长篇大论要重要得多。蔡元培的学科美育观当属此例，这一点，会越来越被未来的实践所证明。可惜，蔡元培学科美育思想的意义，没有引起教育界和学术界的重视。

最后，是把美育列为国家教育方针。应该说，这是蔡元培对中国教育的一个卓越贡献。虽然由于当时历史条件的限制，作为教育方针的美育不可能得到有力的贯彻和实施，但是，正是借助于此，美育在教育界、学术界才产生了广泛而深远的影响。而在此之前，中国社会和教育界对美育在教育中的重要性还是很陌生的。在这方面，蔡元培以其国民政府教育总长的位置和在学术界的巨大影响，起了决定性的作用。这对促进后人认识美育的重要意义，其作用无疑不可低估。今天，美育，穿越百年风云横空而来，又一次被列为国家教育方针，当然绝不是一次简单的复归或轮回，其背景和意义都不可同日而语，这是在中华民族迈进21世纪、走向伟大复兴的关键时刻，中国教育在面临着重大使命和严峻挑战的复杂背景之下作出的历史性选择。美育，肩负着神圣的使命！可是，美育的现状实在令人不敢恭维。美育，真的是命运多舛！

所以，我们想起了蔡元培！不仅仅是要怀念。如此丰富的一笔思想文化遗产，我们的教育应当如何面对呢？走笔至此，忽然想起了几年前听过的一位外国教育家说的一句话。这位教育家在惊叹于我们很多学校精美硬件设施的同时，又说了一句意味深长的话："你们别的都好，就是学生没有个性，而且学得太累太累！"

想到此，笔者心头不禁有些黯然：美育，你在哪里？蔡先生，魂兮归来！

宗白华的人生散步

读宗白华的《美学散步》，总能联想到不少美学之外的东西。

这位美学巨子，在中国现当代美学界也算是赫赫有名的人物了。当年，宗白华和朱光潜、邓以蛰并称为"北大美学三杰"，奠定了北京大学美学学科的坚实基础。而在中国美学史上，宗白华的名字又是和朱光潜、李泽厚等美学大家联系在一起的。但是，因为宗先生的著述甚少，知道的人可能要少一些。对于宗白华美学的价值，李泽厚有极高的评价，他说："宗白华先生的《美学散步》，我对它的评价很高。三十多年来对宗先生是不大公道的。好在宗先生有一个特点，他具有魏晋风度，不在乎。宗白华与朱光潜先生两个人，在我看来是不相上下的。但宗先生不大出名。讲朱光潜大家都知道，讲宗白华却很多人不知道。实际上，宗先生的《美学散步》是会在世界引起注意的。它讲了一些很好的东西，完全是从哲学角度讲的，是美学，不是文艺理论。"

宗先生最为著名的著作是《美学散步》。"散步"这个名字真好，不仅准确地勾勒出宗白华美学的风格特征；同时，也仿佛是宗白华自己一生的人生写意，宗先生的一生，也就是潇洒的散步人生！

宗白华说："散步是自由自在的、无拘无束的行动，它的弱点是没有计划、没有系统。注重逻辑统一性的人会轻视它，讨厌它，但是西方建立逻辑学的大师亚里士多德的学派却唤作'散步学派'，可见散步和逻辑并不是绝对不相容的。中国古代一位影响不小的哲学家——庄子，他好像整天在山野里散步……""散步"标明了宗白华的美学独特特征，一方面是方法上的，另一方面是境界上的。方法，即不局限在抽象的思辨领域；境界，则是自由自在的。宗先生著述不多，但是学生盈门，桃李满天下。从他学生的回忆文字里，能很清晰地看到宗白华先生在北大哲学系的分量和在中国美学史上的重量。他的学生，有好多成了著名的美学专家，如叶朗、林同华……如今名牌学府的很多美学教授就都出自宗白华的门下，由此可见，宗白华作为一代美学宗师的学术风范和广泛影响。

提起宗白华的人生散步，不由想起了他20世纪20年代当《学灯》编辑时对郭沫若的慧眼识珠。当时，郭沫若正在日本留学，写的诗歌寄回国内总是泥牛入海。宗白华以其敏锐的鉴赏力，看出了这位"未来的东方诗人"的诗歌天赋，连连为郭沫若发稿，有时甚至是一个整版。后来奠定郭沫若在现代文学史崇高地位的第一本诗集《女神》，大多是在《学灯》面世的。郭沫若曾以为第一个为他发表诗作的是《学灯》的另一位编辑郭绍裳。宗白华呢？对此完全是一种豁达的学者胸怀。别人提起时，总是微笑着而不多言，其潇洒的人生态度于此可见一斑。郭沫若在了解真相之后，则称宗白华为"我的钟子期"，高山流水遇知音，知遇之恩溢于言表！

总是觉得，基础教育领域的中小学教师，尤其应当学习宗白华散步人生的境界和风格，或者说，身为大学教师的宗白华似乎更应当成为中小学教师的职业榜样和人生楷模。"家有五斗粮，不当孩子王"这句老话，说的恐怕不仅是中小学教师的待遇和地位不高，更多的还是表明干这一行的，很难有什么出人头地的人生作为。这当然是旧意识的偏见和局限。新时代的中小学教师，社会地位今非昔比，经济地位也在不断提高，但毋庸讳言的是，我们的工作对象和性质，决定了我们这个行当多是默默无闻、无私奉献，而很难轰轰烈烈、闪闪发光。传统语境中的教师形象往往被比喻为"春蚕"、"蜡烛"，近些年这些说法不断受到人们温婉的责难和善意的颠覆，其心良苦，其情可嘉。但从总体上说，如果剔除"忍辱负重、自我牺牲"之类道德主义苛求的含义,其象征的淡泊名利、甘为人梯、勤勉奉献、默默无闻精神,事实上还是比较符合中小学教师职业特征的。换一种说法,如果缺乏这样的人生态度,其实也是很难在中小学教师岗位上做出业绩、做成优秀的。因为,我们毕竟是和孩子在打交道,我们是在和每一座学科大厦最最基础的知识打交道。这样说,丝毫没有轻视我们自身工作的意思,只是说,我们的这份工作,首先需要的就是那么一种默默奉献的职业情怀和职业态度。

明乎此,再来看看宗白华这位学术大师的境界,是不是很符合我们中小学教师的职业特征呢?首先,述而不作,或者说不多作(相对于很多学者的著作等身),教学远远重于科研。中小学教师的职业是教书,当然需要科研,尤其是要用科研的态度去教学、去工作,但写论文作专著毕竟不是我们的主业,更不可能是我们的强项。教师最重要的舞台是课堂,最重要的作品是学生,最重要的人际交往是师生关系。即使要科研,也是植根于自己的教育教学实践,致力于自己的教书育人感悟,说到底,也是教育教学实践之后水到渠成的一些副产品。其次,奖掖新人,甘当人梯。明明是郭沫若的人生伯乐,甚至可以说没有宗白华,就没有郭沫若;但是,人前人后,却从不以此自矜自辩,一派豁然通达,光风霁月。中小学教师也是这样。在孩子的人生起步阶段,老师为孩子的成长付出的岂止在课堂?岂止是书本?那种心灵交往过程中的点点滴滴,其实根本无法言说,也无需言说。那么,当小树长成参天大树,当桃李遍布天下,老师们根本不需要、也不可能记得,自己曾在哪个清晨、哪个傍晚浇水施肥。这就是本分,这就是职责,如同作为编辑的宗白华要奖掖文学新人而无需新人记得他的名字一样。

其实,说到底,我们需要学习的,是宗白华先生的那种人生如散步的潇洒生活态度、淡泊名利的诗意人生。宗白华一生酷爱散步,留在北大学生印象中的宗白华先生,就是一位总是在未名湖畔拄杖独行的老人。宗白华的人生也如散步。年轻时的宗白华是一位有过影响的诗人，后来不写诗了，诗人的气质和情怀却相伴一生。他热爱艺术，总是兴致勃勃地看各种展览、绘画、书法、文物、陶瓷……散步是随意的、轻松自由的、无功利的，也是审美的。宗白华先生就是以一种审美的态度去看待人生的，这种人生态度甚至影响到了他的学术研究。他的美学著作也是写得优美生动，他的翻译作品也是用优美的文笔去捕捉大师们笔下特有的神韵，而不以字义的准确为满足。散步风格，可以说是贯穿于宗白华生活、学术、人生的多重写照。由此想到我们自己，生活在现代社会，红尘滚滚、攘攘熙熙，如果和社会上的各色人等攀比，中小学教师的确一无所长：和官员比权力，比不了；和老总比待遇，比不了；和明星比荣耀，比不了；甚至，和普通工作人员比轻松，也比不了……如果这样比下去，那我们势必对工作充满牢骚，势必对职业失去兴趣，也就一定无缘教师的职业幸福。但是，我们有我们的事业追求，我们有我们的工作乐趣，我们在职业旅途有我们自己看不尽的风景，我们有我们的成功和属于我们的职业幸福。我们会永葆一颗童心，让我们永远年轻；我们会沉醉课堂，常有流连忘返的诗意；我们只要打开心扉，就可以聆听生命花开和拔节的优美声音……这些，别人也无法和我们比。如果换一个角度、换一种思路、换一种态度和理念，我们可以把我们的工作做得轻松些、超脱些、审美些，会发现我们的生活也可以充满阳光和诗意。这样说，绝不是阿Q精神，绝不是鸵鸟主义，而是职业赋予我们的必然选择和特殊品格。

  宗白华是一位美学大师，我们不是；但是，只要我们愿意，只要我们拥有宗白华那样的心境和态度，就会发现另一个领域的美，那是人的成长和发展之美。

初为人师的沈从文

早就想写点沈从文,却一直没有理出头绪。

理由可以找出很多。譬如,诺贝尔文学奖1987年、1988年两年评奖,都有很多人提名沈从文,并且两次都进入了最后审定名单。诺贝尔文学奖评委委员、台湾教授马悦然认为,1988年如果沈从文先生坚持到10月份的话,极有可能获得诺贝尔文学奖,可惜1988年5月10日,这颗一代文坛巨星陨落。这份荣誉对于中国作家来说,应该也算是凤毛麟角了。

再如,沈从文的夫人张兆和是当年苏州乐益女中的学生,乐益女中后来并入苏州一中。于是,这位因"乡下人喝甜酒"逸事蜚声文坛上下的大作家便成了我们校友的夫婿。正是因为这样的机缘,学校百年校庆期间,我多次到苏州图书馆查阅资料,便经常在各种资料中和沈从文先生不期而遇。

但是,在这篇短文里我想说的却不是这些,而是与沈从文的从教生涯或者准确地说是初上讲台时一节惨败的课有关。当年(1928年),因为写作而小有名气的沈从文被胡适赏识,受聘于上海中国公学。只有小学毕业学历的沈先生,主讲大学一年级现代文学选修课(由此可以看出胡适的胆识)。没想到的是,沈先生的第一节课就上砸了。他第一次上讲台,望着台下黑压压的一片,心里一慌,这第一句话竟然不知从何说起。五分钟过去了,他还是涨红着脸,仍然发不出声来。此时,教室里声浪一浪高过一浪,沈从文终于开了口,如同演讲一般,才10分钟,就把精心准备的一节课内容全部讲完。最终,只好拿起粉笔，在黑板上写道："我第一次上课，见你们人多，怕了。"学生迅速把情况反映到胡校长那里，胡适笑了笑说："上课讲不出来，学生却没哄他走，这就是成功。"胡适就是胡适！果然洋溢着一派自由包容之风。有了校长的这份特殊宽容和呵护，沈从文在中国公学继续当起了现代文学老师，课也自然上得越来越从容、成熟了。两年以后，认识了本校"校花"张兆和，又经过两年多的爱情长跑，沈从文终于爱情创作双双丰收。就在结婚的那一年，沈从文的现代文学经典之作《边城》横空出世、惊艳文坛。让沈从文两度进入诺贝尔文学奖最后审定名单的，正是因为那篇已经产生巨大影响的小说《边城》。

不妨作一假设：当初，假如胡校长因为沈从文初出茅庐第一课放了"哑炮"，就不分青红皂白地砸了他的饭碗、令其下岗，那么，沈从文的人生履历就很有可能要改写了，《边城》能否顺利问世或者会诞生出一个怎样的《边城》，倒是一个谁也无法说清的问题。人生充满偶然，文学创作的成功规律更是一道永远无法破解的方程式。其实，我真正想说的是，对于年轻教师初上讲台的挫折和失误，校长应该多加宽容和包容，给予足够的时间和耐心，让他们在相对宽松的氛围中慢慢成长。十年树木，百年树人，教师的成长也是需要时间的。近些年来，学校对教师专业发展都非常重视，经常听到学校制定的发展目标，总是一年如何、三年如何、五年如何……应该说，学校的出发点是好的，都是想让教师明确目标，自加压力，奋发向上，砥砺成材。但是，教师成长是有规律的，从初为人师到历练成熟，必须经过若干年的课堂打磨，在经历过"昨夜西风凋碧树，独上高楼，望尽天涯路"、"衣带渐宽终不悔，为伊消得人憔悴"、"众里寻他千百度，蓦然回首，那人却在灯火阑珊处"的三重境界之后，教师才会真正成熟起来。初上讲台，遇到一些困惑乃至挫折是难免的，作为青年教师，自己当然要严于律己，勤于学习；作为领导，也要给予必要的包容和呵护，鼓励成功，宽容失败。当然，宽容不是放任，比包容更重要的是指导。沈从文的第一课仅仅是"怯场"，他能在黑板上袒露自己的心声，说明他还是有一些底气的。其实，新教师容易遇到的困难远远不止这些，需要校长和老教师的悉心指导和"手把手"的帮助。

著名小学语文特级教师于永正，在女儿初为人师之时，给女儿提了20条切实可行的建议，可谓自己经验和心血的结晶。摘引于此，可作为年轻教师的入门教程——

1. 教师要在上课铃声未落之前到达教室门口。

2. 一旦进入课堂，就要像京剧演员一样，精气十足。

3. 要尽快记住每个学生的名字——首先记住表现好的和表现差的学生的名字。

4. 要注意教学形式、手段的变化。

5. 要细心观察学生，全面了解学生，倾听学生的谈话。

6. 搞点小激励。

7. 培养学生的思考能力。

8. 课间尽可能多和学生一起玩。

9. 上好第一节课。

10. 肚子里要有几个故事和笑话，找机会讲给学生听。

11. 驾驭好课堂（组织好课堂教学）。

12. 要经常注意学习。

13. 如果犯了错，向学生道歉。

14. 讲到重点、难点时，一定要进行组织教学。

15. 切不可让学生看出你的偏爱。

16. 最好当班主任。当上班主任，才能真正感受到当老师的甘苦，才能锻炼自己。

17. 对学生要严格要求，但不要太厉害。
18. 对所有学生家长都要以礼相待。
19. 多听别人的课。
20. 学高为师，身正为范。

于老师的这封建议书，没有师范院校教科书式的高头讲章，也不是当下一些名师喜欢传布的所谓教学经验或者秘诀，却是实实在在的年轻教师"教学入门必读"。拳拳爱心之外，我们可以发现于老师对教育教学细节的高度重视，我们再一次感受到"细节决定成败"这句话的沉重分量。亲爱的读者朋友，如果你是校长，请学学榜样胡适之；如果你是年轻教师，请铭记于永正的箴言20条。

叶圣陶的启航岁月

1988年2月16日，叶圣陶走完了那硕果累累的长长的一生。第二天，新华社发出的通稿标题是：著名教育家叶圣陶同志在京逝世。新华社不愧是新华社！比之于文学、出版、编辑等方面的辉煌业绩，叶圣陶更是一位高山仰止、景行行止的著名教育家！

但是，你可知道，一代教育宗师叶圣陶在初上教育征程时，经历了怎样的一段艰难历程？而这些对于我们今天正处于成长阶段的青年教师，又该有着怎样的启发？

1894年10月28日，农历九月三十，苏州城内东北角一个叫悬桥巷的小弄堂，几间低矮狭窄的小屋，一户普通的平民家庭，一个新的生命呱呱坠地。父亲对儿子寄寓厚望，为儿子取名绍钧、字秉臣，出处是《诗经》中的句子："秉国之均，四方是维。"大意是掌握治理国家的枢纲，天下赖你维持。绍钧6岁，父亲就将其送入私塾，读《三字经》《千字文》《四书》《诗经》《易经》。11岁，绍钧参加县试、府试、道试，未中。中了，就是末代秀才了。因为这是中国历史上的最后一次科举考试。第二年，清政府发布谕令，所有乡会试一律停止。科举从此成为历史。

12岁那年，绍钧入长元吴公立高等小学，因成绩优秀，第二年（即1907年）跳级进入刚刚成立的公立苏州第一中学堂（俗称草桥中学）就读。这是苏州第一所实行现代教育体制和教学方法的中等学校。入草桥中学的第三年，一位老师帮他取号圣陶，取"圣人陶钧万物"之意。陶钧，制陶器时把泥团旋成陶坯的转盘，作动词时为"陶冶、塑造"之意。对这次改号，他自己肯定是非常满意的。因为几年以后发表作品时即署名"圣陶"，以后他又把姓"叶"与笔名"圣陶"连了起来，成为著称于世的名字。其实，这也是一次意味深长的改名。不管是有心还是无意，"陶钧万物"事实上成了叶圣陶一生的志业追求。无论是创办文学研究会提出"为人生而文学"的响亮口号并且卓有成效地付诸创作实践，还是践行一生的"为人生而教育"的教育思想，都有一根红线贯穿其中，那就是陶冶人心、造福社会。中学毕业前夕，叶圣陶认定了自己的人生志向："此生定当从事于社会教育，以改革我同胞之心。"

1912年2月，经校长袁希洛介绍，一腔激情的叶圣陶到苏州中区第三初等小学（言子庙小学）任教员。在这里，叶圣陶以极大的热情投入教育。但是，接受现代教育熏陶的叶圣陶与保守的旧教育思想产生冲突。两年半以后，被校方以缩减班级为借口，排挤出校。初登讲坛的叶圣陶，在职业生涯开始之初就颓然败下阵来！然而，排挤只能打击弱者。对于强者，坎坷和逆境只是又一次人生的砥砺。叶圣陶就像一粒蓄积巨大生命能量的种子，在另一片土地上破土发芽长成参天大树。

这粒种子萌芽的地方，叫甪直（古地名，在今江苏吴中西南）；这所学校，叫吴县第五高等小学，简称"五高"。1917年寒假，叶圣陶收到时任"五高"小学校长的草桥中学同学吴宾若的邀请，到甪直担任小学教师，他的另一位中学好友王伯祥也在这里任职。在离开言子庙三年之后，又能从事小学教师工作，并且是和意气相投的同窗好友共事教育，叶圣陶立即欣然前往甪直。当时的甪直"五高"，不仅有礼堂、音乐教室等新式设施，而且校长的教育观念非常先进。因为校长吴宾若也是从苏州第一中学堂毕业，受过现代教育的陶冶。现在，三位草桥校友意气相投，意气风发地开始了轰轰烈烈的教育改革运动，"做了中国教育史上从没有过的事"。

叶圣陶和他的教育同仁们认为，教育不只是一种谋生手段，还是一种理想。教育是培养人的，但培养什么样的人却值得认真思考。学校当以学生为本，让学生得到健全发展而且有自由。他们自编教科书，在国文教材中将白话文、新文学作品和乡土教材引入课堂，开语文教育的一代新风。在他们的白话文教材使用几年之后，全国才开始普遍使用白话文。他们创建学校图书馆，自己掏腰包购买中外名著以及《新青年》、《新潮》等刊物，陈列在博览室里，指导学生阅读，让偏僻乡村吹进新时代的风。他们创办实验室，开辟"生生农场"，表示农场是师生一起劳动的园地，主张教育要与实践相结合。他们还开设诗文书画专栏，建立音乐室和篆刻室，自编剧本，自导自演。在江南水乡甪直古镇，一群年轻人，上演了一出有声有色的"为人生而教育"的教育改革活剧。

叶圣陶在甪直致力于教育改革的年头，正是"五四"新文化运动风起云涌的时代。尽管在偏乡僻壤，叶圣陶年轻的心始终和时代脉搏同一节律。他在实践着，也在不断地学习着、思考着，思想的种子一经萌芽，就没有什么力量能阻碍得了它的生长和孕育。1921年，叶圣陶结束了在甪直四年多的教育工作，前往风起云涌的大都市上海，走向更为广阔的一片天地。在甪直累积的教育改革和实践经验，为他以后的教育思想的形成提供了取之不尽的丰富素材。1928年，他在《教育杂志》连载的长篇小说《倪焕之》，就有浓厚的甪直生活的影像。在甪直期间，他发表了《小学教育的改造》等文章，之后更是开始了长达60年漫长的教育思考。

　　如今，叶圣陶教育思想已经成了诸多专家学者的研究课题。在叶圣陶中学母校校园，一座命名为"一代师表——叶圣陶"的汉白玉雕像巍然坐落；一片古色古香的清代建筑群，也即将挂上"叶圣陶教育思想展馆"的匾牌。在被叶圣陶比作培育自己成长的摇篮，亲切称之为"第二故乡"的甪直，有叶圣陶纪念馆，供人们瞻仰缅怀一代师表的光辉业绩，令人肃然起敬。然而，谁曾想到：当初叶圣陶在言子庙小学竟会四面楚歌、举步维艰？记得鲁迅先生说过："即使天才，在生下来的时候的第一声啼哭，也和平常的儿童一样，决不会就是一首好诗。"哪怕是天才，哪怕是教育家，初上教育征程时遇到困难、挫折和失败也是一件正常的事。关键是看你的毅力、勇气和韧性，看你是不是愈挫愈勇、屡败屡战。其实，说到底也是看你对教育的职业信仰以及忠诚。当然，也包括自身的生命能量是否如同种子一样巨大！

　　从叶圣陶言子庙小学遇挫，我们正遭受职业之困的教师朋友，是否会从中汲取教益和启发？

叶圣陶"为人生"的教育观

提到我们的行业,社会上常常有人说"教书的",我们自己也会这么说。然而,这么说,有问题吗?

我国现代教育的一代宗师——叶圣陶先生,早在20世纪40年代写过《假如我当教师》一文,文中说道:"我如果当中学教师,决不将我的行业叫做'教书',犹如我决不将学生入学校的事情叫做'读书'一样。书中积蓄着古人和今人的经验,固然是学生所需要的;但是就学生方面说,重要的在于消化那些经验成为自身的经验,说成'读书',便把这个意思抹杀了,好像入学校只须做一些书本上的功夫。因此,说成'教书',也便把我当教师的意义抹杀了,好像我与从前书房里的老先生并没有什么分别。我与从前书房里的老先生其实是大有分别的:他们只须教学生把书读通,能够去应考试,取功名,此外没有他们的事儿;而我呢,却要使学生能做人,能做事,成为健全的公民。"今天,我们重读这些文字,不禁唏嘘再三,感慨万千:70年光阴不能算短,其间社会变化可谓翻天覆地,但是,我们的教育思想和教育理念,到底进步了多少?历史,前进的步伐真慢啊!叶圣陶先生的决绝态度令我们汗颜。掩卷自省,会悟出许多许多。

在发表于1940年代的《如果教育工作者发表〈精神独立宣言〉》一文中,叶圣陶把反传统作为宣言第一条:"表示教育工作者不再承袭我国传统的教育精神。传统的教育以圣经贤传为教。且不问圣经贤传是否适于为教,而用圣经贤传作幌子,实际上却把受教育者赶上利禄之途,是传统的教育最不可饶恕之处。如今的什么学科什么课程也是幌子,实际上也在把受教育者赶上利禄之途——教育工作者为了要尽自己的责任,不能不表示不再承袭传统的教育精神。"叶圣陶"为人生"的教育思想正是对封建传统教育思想的叛逆,是富有鲜明科学民主意识的现代教育思想。他多次提到,教育要培养学生的"公民意识",在1983年的一次谈话中,他谆谆教导教育工作者:"严格说起来,进小学中学大学都不是去读书,而是去受教育。受教育的目的不是为了应付考试,是为了做社会的合格成员,国家的合格公民。"正是在教育的本质问题上,叶圣陶先生站在了时代的制高点上,清晰地划出了封建传统教育和现代公民教育的界限,给人们以极其强烈的警示。而这种警示即使对于今天的中国教育,也仍然有着强烈的现实意义和指导作用。毋庸讳言,我们的教育实际离公民教育的目标还有很长的一段距离。

"为人生"的教育思想是贯穿叶圣陶教育思想体系的一根主线。在德育方面,在语文教育的具体方法方面,叶圣陶都有许多精彩的论述,而给人印象最深的还是处处扣住"为人生"这个教育总目标。还是在那篇《如果我当教师》中,谈到关于德育方法时,叶圣陶有这样一段话:"我不想教学生做有名无实的事情。做这种有名无实的事比不做还要糟糕;如果学生习惯了,终其一生,无论做什么事总是这样有名无实,种种实际事务还有逐渐推进和圆满成功的希望吗?我说比不做还要糟糕,并不是抱着多一事不如少一事的心思,主张不要成立那些会和社,不要有图书馆种植园之类的设备。我只是说干那些事都必须认真去干,必须名副其实。"很明显,叶圣陶的着眼点始终在育人,在学生的终身发展。德育工作是直接着眼于学生思想道德建设的工作,如果不从实际出发、不实事求是,而是搞有名无实、形式主义的"花架子",那么,从对学生终身发展的角度看,非但无益,而且有害!因为这些"形式主义"、"花架子"会给学生带来副作用,甚至是反作用。真诚一旦变成了滑稽,美也就变成了丑。目前德育工作之所以收效甚微,是不是和我们形式主义"花架子"的活动太多有关呢？

其实，今天之所以有人常常把教师行业叫做"教书的"，也绝非偶然。环顾我们周围的教育现实就可以发现，确实存在着教师仅仅教书、把学生培养成考试机器的现象，只见分数不见人的功利教育仍然非常普遍地存在着，这是一种无法否认的客观存在。冷静地想一想，其中很多却是历史行程中的必然。我们还处在现代化的初级阶段，大多家长们还指望孩子通过高考竞争跳出"农门"，不少孩子也正是在激烈的升学竞争中找到社会阶层的上升通道从而改变命运，一味地对违背素质教育现象作"愤青式"谴责，其实并不够全面和公正，也无济于事。教育改革和社会改革甚至与政治体制改革息息相关。在体制性障碍消除之前，这种现象无法根本改变。但是，即便如此，在现实的既定框架内，我们每一个人其实都有自己的努力空间。你是校长，可以不搞指标，至少不以此作为唯一依据奖惩教师；你是班主任，可以不在名次上大做文章，至少不要歧视文化成绩不好的学生；你是任课教师，可以在改进课堂教学上多动脑筋，至少不要为了挤占时间对作业任意加码；更重要的是，你可以通过对教育教学规律的彻悟，发现和创造属于你自己的那份职业幸福，当然也包括学生的幸福。

中国社会在深刻转型，中国教育也面临从未有过的挑战，仅有经济建设现代化的国家还不是真正的现代化，公民社会建设任重而道远。转型期的教育呼唤着我们越来越多的教育工作者，多一份职业的自觉和清醒，少一点盲从和被动。记住叶圣陶先生关于教师"行业"的谆谆告诫，我们就有可能站得高一些、看得远一些，我们也就有可能多一份历史责任和使命感，更加清楚地明白自己肩上的担子，在力所能及的范围内多做建设性的事情，而不成为随波逐流的事务主义和功利主义者。

叶圣陶关于教育的比喻

教育像什么？在教育家叶圣陶的著作中，他有过一些著名的比喻，值得一说。

要说教育像什么，先说说教育不像什么。在发表于1957年的《瓶子观点》一文中，叶圣陶用"瓶子"的比喻，表达了他对教育性质的观点。他坚决反对把学生当"瓶子"，把学生脑袋当知识的容器，机械地往里填。他认为这种填鸭式的方法，影响了学生的独立思考。叶圣陶主张，"必须使所学的东西融化在学生的思想、感情、行动里，学生的思想、感情、行动确实受到所学的东西的影响，才算真正有了成效"。

在《吕叔湘先生说的比喻》一文中，叶圣陶对吕叔湘所说的关于"教育像农业而不像工业"的比喻大加赞赏，并且作了阐述和发挥。叶圣陶说："吕先生这个比喻说得好极了，办教育的确跟种庄稼相仿。受教育的人的确跟种子一样，全都是有生命的，能自己发育自己成长的；给他们充分的合适的条件，他们就能成为有用之才。所谓办教育，最主要的就是给受教育者提供充分的合适条件。"叶圣陶还引用了丰子恺先生的一幅题为"教育"的漫画来阐述自己的理解。丰子恺的漫画题为"教育"，画的是一个做泥人的师傅，一本正经地把一个个泥团往模子里按，模子里脱出来的泥人个个一模一样。可见，叶圣陶、吕叔湘、丰子恺这些教育大家们的心都是相通的，他们对教育的理解也是非常深刻的。这篇文章写于1983年，应该说它是叶圣陶先生对教育性质长期深入思考的结果。几十年的教育实践，叶圣陶一定是敏锐地发现了现代教育极易陷入"工业化"、"模式化"的窠臼，才提出这个比喻来给人们以启迪和警醒。

今天,教育改革的潮流正大力倡导"个性教育"、"创新教育",这和叶圣陶的教育思想应该是一脉相承的。在微观改革层面,注重学生个性发展、注重创新教育越来越受到人们的重视;在宏观的教育体制和机制改革方面,如何激励和促进教育创新,如何创造"教育像农业而不是工业"的环境和氛围,还是一个有待于进一步探索的问题。从某种意义上说,我们的教育体制还是一个"工业化"、"模式化"的体制。因此,出现不顾学生实际硬往一个模子里套的教育现象也就屡见不鲜、不足为奇了!叶圣陶的这一卓越见解,为我们当前的教育改革提供了有力的思想资源!

其实,瓶子也好,泥人也罢,叶圣陶教育思想的最本质特点,还是着眼于人生、着眼于人的终身发展,办为人生的教育是叶圣陶的一贯思想。追溯起来,源头也许要找到叶圣陶先生早年的文学主张:"为人生的文学。"教育的"为人生"和文学的"为人生",也许本来就是一脉相承的。"小学教育的价值,就在于打定小学生一辈子有真实明确的人生观的根基"。"学校教育的目的就在于使学生养成正确的人生观,因而不能不注意教育与人生的关系"。一个世纪前,刚走上教坛不久的叶圣陶就多次著文,大声疾呼,并且把这一教育思想付诸实践。今天,我们重读这些文字,扪心自问,仍然会悟出许多许多。

曾经有过那么一段时间,叶圣陶的教育思想也成了被人否定和批判的目标,有人以为时代发展了,叶圣陶的教育思想也过时了。其实,20世纪初的中国风云际会,叶圣陶的教育思想正是应时代之需,是中国封建教育传统进行激烈批判的产物。叶圣陶的教育思想是和"五四"新文化运动紧密结合在一起的,具有鲜明的时代特色。不同的是,叶圣陶的教育思想不是仅仅打一些时髦的旗号,或者用西方教育理论中的一些概念来装点门面。叶圣陶的教育思想的根深深扎在中国教育的土壤中,而且汲取了中国传统教育思想的精华。叶圣陶的教育生涯,发轫于五四新文化运动,终其一生,始终走在时代前列,顺应当代社会变革要求,不懈地对中国传统教育思想、教育文化和外国教育思潮、教育理论进行反思、批判和继承革新,充分体现出与时俱进的时代精神和改革创新的生命活力。今天,我们重温叶圣陶的瓶子、泥人和种庄稼这些比喻,心灵仍然受到极大的震撼。我想说的是,叶圣陶先生的教育思想的精髓不仅没有过时,而且对今天的教育改革仍然有强烈的指导作用。

叶老不老,永远的叶圣陶!

苏霍姆林斯基如是说

知道苏霍姆林斯基的名字还是在二十多年前,那时,我在一所乡村中学做教研组长。说实话,初上讲台的我,还真不知道这教研组长应该如何去做,特别是每周一次的集体教研活动,总是觉得内容空泛而流于形式。

一次偶然的机会,我在学校图书馆发现了一本薄薄的小书,就是苏霍姆林斯基的《给教师的一百条建议》。粗略地浏览下来,觉得其中有很多富有启发的内容,比我们在师范学校学到的教育学要具体、鲜活、生动得多。于是,我如获至宝。从此,教研活动中的一个常规内容,就是学习这本《给教师的一百条建议》。每次读一点,然后大家议一议,不拘一格,畅所欲言,感觉收获多多、启发多多。可以说,苏霍姆林斯基是给予我深刻影响的第一位教育家。若干年后,我有机会参加过一次苏霍姆林斯基教育思想研讨会,听了诸多专家的报告和讲演,其中还有苏霍姆林斯基的女儿。从此,我对这位出身乌克兰的教育先贤的了解和认识又加深了一层。

在众多的中外著名教育家中，苏霍姆林斯基是对教师教育素养关注得比较多的一位。因此，前两年，我在编选《什么是真正的教育：50位大师论教育》时，在"教师职业幸福"一章中，收录苏霍姆林斯基的文章最多。我想之所以如此，应该得益于苏霍姆林斯基在巴甫雷什中学几十年如一日的教育教学实践。他的教育理论不是概念的推演和逻辑的论证，而是来自自己丰富鲜活的教育教学实践，来自对一个个亲力亲为的教育故事的感悟。因此，他的著作读起来总让人分外亲切。

印象特别深的，是苏霍姆林斯基讲述的一位教师提前退休的故事。

我记得一次隆重的晚会，欢送一位教师退休。邀请我参加这个晚会的女教师还相当年轻，她从20岁开始工作，到退休也不过45岁。为什么阿娜斯塔西娅·格里哥里也夫娜要退休呢？大家都不理解。奇怪的是，这位女教师连多工作一天都不愿意，恰好当她在学校工作满25年的那天离开工作。阿娜斯塔西娅·格里哥里也夫娜本人对我们这些当时还年轻的教师作了告别讲话，消除了所有的疑问。她说："亲爱的朋友们，我离开是因为学校工作不是我喜爱的事业。我在这个工作中得不到满足，它没有给我任何乐趣。这是不幸，是我生活中的悲剧。每天都盼望着课快些结束，喧哗声快些消失，可以一人独处。你们感到惊讶，一个45岁的妇女就离开了工作，而她的健康还很好。不，我的健康不好，已经受了内伤。受内伤是因为，工作没有给我乐趣。我的心脏病很重。劝告你们，年轻人，自己检验一下，如果工作没有给你们乐趣，那就离开学校，在生活中正确地判断自己，找一个心爱的职业。否则，工作时期你们将会感到痛苦。"

苏霍姆林斯基笔下的这位教师，因为在工作中没有找到乐趣，所以年纪轻轻就离开了工作岗位，这给当时也是青年教师的苏霍姆林斯基以很大的震撼。也许与这个故事有关，苏霍姆林斯基的著作中，到处可见教育素养方面的论述和教导。可见，教育素养如何，与教师的工作兴趣及成败关系甚大。

苏霍姆林斯基认为，教育素养最重要的内容，是指教师对自己所教的学科要有深刻的知识，要能够分辨清楚所教学科的最复杂的问题，能够分辨清楚那些处于科学思想的前沿的问题。他认为，关于学校教学大纲的知识对于教师来说，应当只是他的知识视野中的起码常识。只有当教师的知识视野比学校教学大纲宽广得无可比拟的时候，教师才能成为教育过程的真正的能手、艺术家和诗人。

关于教师人格的重要意义，苏霍姆林斯基认为："教师的人格是进行教育的基石。教师工作中的一切内容，即观点、信念、理想、世界观、兴趣、爱好等，都在教师的人格这个焦点上聚集起来。社会上各种政治的、道德的、审美的思想，真理的观念，都会在教师身上间接地反映出来，而所有这一切，又都将通过教师的个人世界在学生身上反映出来，并在学生身上得到更高基础上的再现。教师应当在他的学生身上再现的最主要的东西是他的理想。"苏霍姆林斯基认为，教师人格的内涵，更重要的是培养对真理的态度："如果学生对真理没有鲜明的态度（或者更确切地说，只有冷漠的态度），那么他就不可能真正受到教育，而只能成为书呆子。知识在他意识的表面滑过去，并没有进入他的心灵。"而学生对真理的态度，在很大程度上取决于教师对真理的态度。

苏霍姆林斯基还十分重视师生交往，在师生的共同活动中让学生受到教师人格之光的烛照；同时，对于师生交往的重要意义，苏霍姆林斯基站在一个比较高的制高点上。"教师做学生的朋友。这意思并不只是跟他们一起到树林里去，坐在篝火旁吃烤土豆。那只是教育者跟学生的最简单的接触。如果教师身上找不到别的更丰富的东西,那么光靠一起吃土豆是办不了大事的。因为学生特别是少年很快就会警觉你的意图是虚假的。而友谊应当是牢固的基础,我指的首先是思想上和智力活动上的广泛的共同兴趣。"他认为,师生交往,教师身上应该有一种能吸引学生的东西,能在思想、智力活动上和学生产生广泛的共同兴趣,而不是为活动而活动,也不是简单地带领学生去活动,教师应该投身于活动之中。

在苏霍姆林斯基看来,教师还应该是个热爱学习、对教学艺术孜孜以求的人:"如果你想成为学生爱戴的教师,那你就要努力做到使你的学生不断地在你身上有新发现。你要像怕火一样地惧怕精神的僵化。教师上好一节课要做毕生准备。""年轻的朋友,我建议你每个月买三本书:(1)关于你所教的那门学科方面的科学问题的书;(2)关于可以作为青年们的学习榜样的那些人物的生活和斗争事迹的书;(3)关于人(特别是儿童、少年、男女青年)的心灵的书(即心理学方面的书)。"

此外还有,教师要培养爱孩子的感情,因为培养人,首先就要了解他的心灵,看到并感觉到他个人的世界。要学会幽默。"孩子们之所以热爱和尊敬快乐、不泄气、不悲观失望的教师,是因为孩子们自己是快乐的、具有幽默感的人。他们会从每一个举动中、每一个生活现象中看出很小的可笑的事。善于无恶意地、怀着好心地嘲笑反面的东西,用笑话来支持和鼓励正面的东西,是一个好教师和好的学生集体的重要特征。"

你想成为一名职业素养深厚的教师吗?那么,请走近苏霍姆林斯基。

春风沂水咏而归

这是一个著名的教育经典,却也是众说纷纭、令人莫衷一是的一笔陈年旧账。典出《论语·先进》。

【原文】曰:"莫春者,春服既成,冠者五六人,童子六七人,浴乎沂,风乎舞雩,咏而归。"夫子喟然叹曰:"吾与点也。"

【译文】曾皙说:"暮春时节,春服已经穿好,会同五六个青年,六七个少年,在沂水里洗洗澡,在舞雩坛上吹风乘凉,然后唱着歌归来。"孔子长叹一声说:"我赞赏曾点的志向。"

这就是千百年来一直为人们津津乐道的教育故事"春风沂水"。故事的主角是孔子和他的学生。

宋人朱熹给予曾皙极高的评价:"曾点之学……而其胸次悠然,直与天地万物上下同流,各得其所之妙,隐然自见于言外。"理学大师从中看到的是一种生生不息的生命元气,是自然与生命达到高度和谐的美好境界,甚至有人说这是孔子心目中至淳至美的"大同世界"极乐图景。清人张履祥更是认为:"四子之坐,固各言其志,然于治道亦有次第。"初时战火连绵,饿殍遍野,需要子路那样的勇者戡定祸乱;然后是冉有使之富足;再后是公孙赤来实施教化;在此基础上,曾皙的"春风沂水"便是儒家理想世界的生动写照了。于是,春风沂水的诗意世界,不仅委婉曲折地表达出曾皙的个人志趣,更是寄托着两千年中国士大夫家国情怀的共通心境和人生理想。

也有人提出不同的理解,认为曾皙所描绘的暮春郊游景象,不过是一种超然世外、安贫乐道的隐者形象,抒发的是清静无为、顺其自然的道家理想和与世无争、恬然自得的隐逸情怀；而孔子"吾与点也"的"喟然之叹"，应当是孔子晚年明知自己的主张不可行于世时想"独善其身"的表现。孔子和曾晳的共同志趣是于世淡漠，向往恬然自得的生活，是孔子周游列国理想遭挫之后对政治失望的情绪反映。

究竟是表达太平世界的儒家理想，还是发泄碰壁之后的沮丧情绪？本文无意也无力作出评判，仁者见仁智者见智也不失为对待古典的一种方法。况且两种解读都没有还原到特定的教育场景，而更多地把教育事件引申到社会政治层面作了一番微言大义的"诗教"式解释。本文的旨趣是纯粹从教育学角度出发，把孔子还原为一个普普通通的教书先生，把曾晳等人还原为平平常常的几个学生，把这场对话还原为一场例行的主题班会……不过，我还得说，这的确是一个值得我们学习借鉴、探讨辨析的教育经典。

首先，这堂班会课学生的主体地位高度凸显。孔老师没有唱"独角戏"，也没有搞"一言堂"，而是充分发扬民主让大家畅所欲言。开头就说："我不过大你们几岁，不要顾虑我是老师。你们平常总说'没有人了解我'，那么，今天我就给你们一个机会，谈谈如果有人了解你，你们都想干些什么事情。"你看，这位班主任老师是不是循循善诱、和蔼可亲呢？

其次，孔老师具有高度的教育素养和教育艺术。面对性格直率、雄心勃勃的子路，孔子虽然对他的不够谦逊不以为然，但却并不当头棒喝，也不劈头盖脸，甚至连一个简单的否定都没有表示，只是微微一笑了之；自然，在这微微一笑中，熟悉老师神情的学生们应该能明白老师的态度。而对后面发言的谦恭有礼、信心不足的冉有和公孙赤，虽然也不甚赞成他们的观点，但却并不流露一点态度，为他们留足了面子。而当曾晳说出自己的人生理想之时，兴奋异常的孔老师喜形于色，声情并茂，喟然叹曰："吾与点也！"欣赏赞叹褒扬之情毕露，一点也不含蓄，一点也不折中，一"喟"一"叹"，当机立断、酣畅淋漓地予以一番褒扬。你看，因材施教的教育艺术多么高超，教师的情感态度价值观又是多么鲜明！

再次，孔老师的课堂氛围相当自由宽松。当子路等同学率先发言时，孔老师并没有要求大家聚精会神，毕恭毕敬，专心致志，心无旁骛，而是宽松自由，学生想干什么干什么。你看，曾皙"鼓瑟希，铿尔，舍瑟而作"，别人发言时他在轻轻弹琴，轮到自己发言时才舍琴而作。没有见到孔老师有什么批评的意思，可见学生在他的课堂上是可以根据兴趣爱好自由安排的。

最后，对于两千年来赢得无数硕学大儒折腰赞叹的"春风沂水"，如果我们不按照儒家教义作过多阐释发挥的话，或许，这本就是孔子心中的一种教育理想和境界。《论语》有云："知者乐水，仁者乐山。"这是一个著名的美学判断。古人认为，"水"具有川流不息的"动"的特点，这同"捷于应对，敏于事功"的知者有相似之处，因而知者喜欢水；"山"具有阔大宽厚、巍然不动的"静"的特点，这同"宽厚得众，稳健沉着"的仁者有相似之处，因而仁者喜欢山。"山水也是一种乳汁。"学习不必完全坐在教室里，那么，出来走走吧！暮春三月，沂水清清，看看水登登山唱唱歌，其乐融融，让孩子们的眉宇间添些聪慧和灵气，让他们的胸怀变得豪爽和宽阔，多好的教育境界！这是孔子的原意吗？不知道。但这种境界一定符合孔子和儒家的教育理想。孔子和儒家思想非常重视艺术审美教育，非常重视从大自然中得到人生快乐，重视追求人生审美境界，在读书、交友、游览中寻求人生之乐，而对功利则不是十分看重。"学而时习之，不亦说乎？有朋自远方来，不亦乐乎？人不知而不愠，不亦君子乎？""一箪食，一瓢饮，在陋巷，人不堪其忧，回也不改其乐。""知之者不如好之者，好之者不如乐之者。"看来，赋予学习以过多过重的世俗功利，未必是孔子教育思想的本来面目。原来是后人背离了我们教育祖师爷的教育信条!

那么,我们有可能离那个美好的教育境界更近一些么?

河汾之风,山高水长

这是一个同样著名的教育经典。故事的主人公也是一位千古名师,可惜,却远不如孔子那么家喻户晓,当然也缺少孔夫子那样的显赫名声。但是,历史是公正的。成语"河汾门下"可以算作一个佐证。

河汾门下:河者,黄河也;汾者,汾水也。河汾门下常用以比喻名师门下,人才济济或人才辈出。隋朝末年,大儒王通不想谋一官半职,他决定把自己的学问传授他人,就在河汾之间设帐授学。他的教育方法十分独特,很多人都慕名而来求学。房玄龄、魏征、李靖、薛收等都是他的门徒,而这些人都是唐初的功臣,时称"河汾门下"。

其实,成语背后的故事远远不是如此简单,那是一曲令人扼腕的人生悲歌,虽然主人公的人生只有短短的三十几个春秋。王通(584—617),字仲淹,谥号文中子,隋朝河东郡龙门县通化镇人。出身官宦世家,父王隆,以学术见长,曾为国子博士。王通从小受家学熏陶,精习《五经》,传说他15岁时便开始从事教学活动,18岁时又游历访学,刻苦读书,学问大有长进。隋文帝仁寿三年考中秀才后西游长安,见隋文帝,奏上《太平十二策》,深得文帝赞赏,但下议公卿时却被冷落排挤,遂赋《东征之歌》而归。王通亲见隋政已坏,不可救药,因此隋室四度征召,始终守道不仕,躬耕自养。隐居河汾十余年间,续修六经,讲学授业,门下弟子一时号称千人,时人因此视为孔子一般的人物,他讲学的那条溪也被称为"王孔子溪"。因为他读书教书的地方临近河汾，后人便称此为"教授河汾"，也称王通的学问思想为"河汾之学"。隋炀帝大业十三年（617）五月十五日甲子，王通病逝，终年三十四岁。门人考行，取《周易》"黄裳元吉，文在中也"之义，谥之为文中子。（参见百度词条：文中子）

今天，面对这位文中子的教育伟绩和人生际遇，思绪翻卷，感慨万端，想说的话太多，竟一时不知从何说起。王通设帐收徒不是人生第一志愿，其平生志向是澄清天下，济世安邦，只是在仕途碰壁，亲睹政治昏暗之后才转向培养人才。他虽一生不仕，却心忧天下，这从他的讲学内容就可以看出。他面对隋末暴政，特别提出了先秦儒家的革命思想，不仅大力表彰先秦儒家的革命思想，而且准备亲自担当使天下有道的时代使命。不过，天妒英才，王通的生命之旅太过短暂。就在他离世的同一天，李渊于太原兴兵起义。时也，命也！不过，王通的未竟事业，毕竟由他的弟子和他的学说来实现了，河汾门人多为盛唐栋梁，魏征、薛收等唐代开国功臣均出其门下，房玄龄、李靖、李密等都曾向其问学请益，受其影响。贞观年间，房玄龄为尚书左仆射，杜如晦为右仆射，杜淹为御史大夫，魏征先为尚书右丞后又执掌门下省，因此前人曾说"贞观之治"全出于河汾门墙。为师若此，应该说王通可以含笑于九泉之下了。

由王通的故事自然引出一个无法绕过的话题，那就是教师的历史使命和文化责任。不同时代的教师有不同的担当。但是，为往圣继绝学，为生民开太平的文化使命，却是任何时代教师都应该具有的历史责任。"河汾之学"之所以能对后来的贞观之治产生直接而重大的影响，显然与王通自觉地担当起继往开来的历史使命有密切关系。据有关资料记载，王通在传布阐发儒学道统，注重道德伦理建设，建设教材、改进教法方面作出许多重大贡献和努力，他认为一个国家的兴衰要依靠各种人才，而人才的养成必经学校的培养，有了合格的人才王道才能倡明，儒学才能振兴。因此，王通教学以明"王佐之道"为己任，分门别类，着意培养辅佐国家所需要的各类治理人才，希望通过自己的教育活动，能在社会动荡和儒学衰败之后重振孔学，为儒学在隋唐之际的恢复与发展作充分的思想和舆论准备。可以说，正是因为有了王通自觉而清醒的历史担当，才会出现"唐源流出于河汾"（邓小军：《河汾之学与贞观之治的关系》）这样高度的历史评价。

历史和现实不能作简单的类比。但是，今天是历史的继续，也是明天的历史。我们当然不能指望今天的教师都有王通一样的抱负以及成就，那是一种特定历史条件和时代机遇的产物，时势造英雄，没有王通，唐代的崛起也必将产生一批各领风骚的人物。但是，历史也从不否认杰出人物的特殊作用，没有王通穷尽毕生精力潜心打造的一批治国能臣，"贞观之治"是否会如期而至，是否能创造如此辉煌，也是需要打一个大大的问号的。历史发展具有必然趋势，发展过程却常常充满偶然。在这种种充满偶然的历史进程中，就为人的活动留下了巨大的历史空间。诚然，现代意义上的学校教育已完全不同于古代的"私学"，教师个体对学生的影响已大大降低，统一的教材、多元的信息、授课的体制、学科的细分……诸多因素都使今天的教师更像流水线上的"工匠"，而不再是古代学校里那种传道授业解惑的至尊"师者"。但是，我们不能否认，今天的教师尤其是中小学教师，我们的教育思想、价值理念、处世方式以及由此产生的种种具体教育行为，对于正处于成长期的孩子来说，仍然会产生巨大而深远的影响。尤其是在社会正发生深刻转型、各种观念急剧碰撞的今天，理想、道德、操守、品质，这些概念会经常出现在我们的课堂上吗？正直、诚实、守信、勤劳，这些品质会成为我们教育孩子的基本准则吗？公平、正义、法治、民主，这些观念会不断贯穿于我们的教育活动中吗？博爱、理性、民族、人类，这些思想会成为我们评判事物的价值尺度吗？如果没有，我们拿什么去回答学生心中的一个个问号？我们的孩子又如何去面对社会上的种种困惑，如何去面向世界、面向未来？

　　说实话，提出这样的问题，对于我们今天的教师来说，有点苛求但却绝非没有必要。我们的压力太大了，待遇的低微、事务的繁杂、升学率的重负，都让我们中小学教师身心俱疲。但是，谁让我们选择了教师这一特殊的行业呢？教育，从来就是和国运连在一起的啊！换一个角度说，没准儿，我们经常想想这些看似凌虚高蹈其实离我们教育生活很近的问题，还会让我们有一种从匍匐在地的姿势到直起腰来仰望星空的轻松和惬意呢！记得在一次"教育沙龙"中，一位在班主任工作方面颇有建树的老师兴致勃勃地讲述她的学生中曾经出过两位全国学联领导人的故事，那言谈举止、那神情态度，就是一种充溢着骄傲和幸福的感觉。当然，学生成为怎样的人才难以预期，我并不认为只有培养出这样优秀的学生才是教师的成功，只要学生善良、有爱心、有责任感，能为社会作出自己力所能及的贡献，即便是普通劳动者也是成功。关键在于，在中小学这一人生成长的特殊阶段，我们当教师的，在品质修养、心理人格、人生价值、社会责任等诸多紧要的问题上，是否像文中子那样，给予过学生有益有力的启发、引导、帮助和足够的影响呢？以今天的历史条件说，我们是否有为现代社会培养合格公民的责任感和使命感呢？

第二辑

真情是最美的花朵

贝壳是美丽的，优雅迷人。但是，它的真正意义和价值，不在外表，而在于给壳内的生命提供一种最佳的生长环境。贝壳之美与功能相伴而成。

教育也是一枚这样的"贝壳"。教师的心灵，就如同那浩瀚奔涌的大海。潮起潮落，寒来暑往，用真情，滋养着海贝的千姿百态；用挚爱，伴生命拔节成长。

教师的劳动虽然琐碎而辛苦，但是，却不是单向的奉献和付出，这种劳动的回馈丰厚而绵长。大海，因慷慨付出而壮阔，因无私奉献而辉煌。

一辈子学做教师

报载：荣获首届"全国教书育人楷模"称号的于漪老师作报告，在两个小时的报告中，81岁的于老师却花了大部分时间谈了她从教59年来的种种缺陷和失误，并且把讲演的主题定名为"一辈子学做教师"。毕业于复旦大学教育系的于漪老师至今对五十多年前初上讲台时的失误耿耿于怀。一个是对成语"阳春白雪"、"下里巴人"的不甚确切的解释，一个是关于"着"字的不规范书写。于老师说，庸医杀人不用刀，教师的教学出了错，就像庸医一样，是在误人子弟。所以，对于教师来说，更重要的是在实践中不断提升自己的知识，永远保持学而不厌的精神。（2010年10月14日《新民晚报》）

于漪老师的这种讲演风格看来是一贯的。早在二十多年前，笔者还是一名初登讲台的青年教师，也曾有幸现场聆听过于漪老师的一场学术报告。那是在1987年暑期，上海青年语文教师研究会组织了一次面向全国的"青年语文教师研修班"，地点是在五角场的空军招待所，于漪、钱梦龙、陈钟樑、徐振维等上海几位语文名师悉数登场，有的授课，有的开讲，加上与会同行间的研讨交流，热热闹闹地搞了近一个星期，着实让我受益匪浅。犹记得那次于漪老师的报告内容，没有什么教学技术和操作秘诀，也不见什么新鲜的名词概念，两三个小时的报告也都是谈教书与做人的关系问题。印象最深的是于老师谈她多年来的备课情况，硬逼着自己不看教参，先完全凭借自己的阅读独立钻研教材一遍，写出初步教案，再对照各种参考资料，看看人家是怎么说的，然后博采众长，再修改自己的教案。教完课后，根据课堂上学生的反响，再一次对教案进行完善。这样，一篇教案前前后后要写三次。正是凭着这样一股子钻劲，并非中文科班出身的于漪老师一步步成长为深受语文同行景仰和爱戴的语文教育大家。

由此想到，常常听到年轻的同行朋友抱怨工作的辛苦和无聊，诉说职业的琐屑和苦恼，这固然有外部环境带来的种种压力和桎梏，同时是不是也会与自身的精神状态有一定的关系？英国"心理资本与幸福"研究专家费利西亚·于佩尔提出：幸福感包括三个核心元素（即积极的情绪、投入、人生的意义）以及六个次要元素，即韧性；自尊；对目标锲而不舍；为取得成功在必要时能调整实现目标的途径（希望）；当身处逆境和被问题困扰时，能够持之以恒，迅速复原并超越（韧性），以取得成功；不满于现状，为了达到更好的目的，不断尝试用更加新颖的方式去有效地解决问题（创造力）（引自《基础教育参考》：《欧洲幸福感调查及影响因素》）。在以上核心因素和次要因素中，其实都包含了积极进取、不断努力、咬定青山不放松的拼搏精神和坚韧品质，按照于佩尔的说法，这是一个人享有职业幸福的"心理资本"。换一句话说，就是你付出足够多的努力了吗？

这种努力最重要的可能还不是拼时间、拼消耗方面的努力。我知道，我们老师的很多时间和精力就这样被"拼"掉了，这是外部环境造成的，是我们没有办法选择和改变。这里说的"心理资本"方面的努力，我觉得应当指学习上和事业追求方面的努力。于漪老师说的一辈子学做老师，关键在于一个"学"字，就是一辈子努力学习的意思。常常听到有的老师抱怨，自己的知识并不缺乏，题目也都会做，但是教出来的教学效果就是和别人不一样。症结何在？不得不说的是，可能是因为我们理解的学科知识有些狭窄了。我们常说，要给学生一碗水，教师得有一桶水，而且是一桶活水，一桶不断更新的、新鲜的或者说是前沿的水。苏霍姆林斯基说："教育素养首先是指教师对自己所教的学科要有深刻的知识。我们认为很重要的一点是，教师在学校里教的是科学基础学科，他应当能够分辨清楚这门科学上的最复杂的问题，能够分辨清楚那些处于科学思想的前沿的问题。如果你教的是物理，那么你就应当对基本粒子有所了解，懂得一点场论，能够哪怕是粗略地设想出将来的能源发展的前景；教生物的教师则需要懂得遗传学发展的历史和现状，熟悉生命起源的各种理论，知晓细胞内部发生的系列化过程。教育素养就是由此开始并在此建立起来的。"为什么教师要懂得那些课堂上并不学习的东西以及那些跟中学所学的教材没有直接联系的东西呢？苏霍姆林斯基认为，学校教学大纲的知识对于教师来说，应当只是他的知识视野中的起码常识。只有当教师的知识视野比学校教学大纲宽广得无可比拟的时候，教师才能成为教育过程中真正的能手、艺术家和诗人。苏霍姆林斯基已经把道理说得再清楚不过了，你是要成为教育领域的"能手、艺术家和诗人"，还是仅仅满足于一般性地完成教学任务？目标不同，追求不同，付出的努力不会一样，从教育过程中获得的体验也就会截然不同。假如你的知识，仅仅等同于教学大纲所必须的那些知识，那么，你在课堂上还能做到居高临下、游刃有余吗？如果不能做到居高临下、游刃有余，那么你的课堂空间就会变得逼窄狭小，智慧、情趣、幽默等调节课堂气氛所不可缺少的东西就不大可能生长出来，而仅仅满足于知识的简单传递或者就是不断的重复强化，其结果往往是自己负担重、学生怨言多。

  因此，用"心理资本"的观点来分析，于漪老师所说的一辈子学当老师，就不单是教师职业道德的问题。当然首先是职业道德问题，同时也事关教师自身的职业境界和职业体验问题。我一直认为，很多时候，我们对职业道德的理解太过机械而且太过狭隘。职业道德不只是爱生，不只是奉献，还包括树立一辈子学做老师的态度，不断提升自己的职业境界和幸福感。教师只有通过不断学习和实践磨练，不断丰富和提高职业素养，不断加深对教育教学的理性认识，自觉遵循和运用教育规律，不断从教育教学的必然王国走向自由王国，才能不断提升职业幸福感，才能在体验职业尊严的过程中获得持续发展的动力，才能在持续发展中体验职业的快乐和幸福。这倒正是应了孔子的那句话："学而不厌，诲人不倦。"不过，我得重新诠释它们之间的逻辑关系：只有学而不厌，才能诲人不倦。什么是"不倦"？就是"不倦怠"，也就是没有职业倦怠，这是不是也可以算一种解释呢？

于丹的眼泪

在北京师范大学访学期间，一直听于丹的古代诗歌鉴赏课，每周两个小时。倒不是因为追星，火暴一时的于丹电视讲座我之前几乎没看，而是因为于老师的课讲得确实精彩。于老师语言华美优雅，声情并茂，尤其是授课内容，不是一般意义上的作品解读，而是总能通过作品，找到恰当的路径，直击诗人的内心，让生活在21世纪的现代人也跟着古人一起歌哭（顺便说一句，这和我的教学理念非常契合，我一直主张语文教学要通过语言走进作者心灵）。因此，每次总得提前占座位，去迟了就得挤过道。

"5·12"大地震的第三天，于丹的课堂照旧是座无虚席，走道里也坐满了人。然而，那天她没有开门见山、直奔主题，而是讲起了汶川地震，讲起她两天来一次次看电视直播时的悲伤感受，讲她实在无法接受中央电视台邀请做解读地震的现场嘉宾。接着，于丹有感于一些同学对期末考试范围和题型的关心，语重心长也是颇为动情地说了下面一段话：

> 同学们,我们正在亲历历史,亲历苦难。我们的生活中有远比考试重要得多的东西。我们是大学生,大学生之大,是要有大胸怀,大信念。相比眼前的这场惊心动魄的大灾难,任何考试都不是最重要的。比考试重要得多的,是心里始终应该拥有一种柔润的力量。这种柔润才是一个人最为重要和最为宝贵的。不能让悲悯成为一种稀缺资源……

于丹说了整整 20 分钟!富有震撼力的内容再加上那极具感染力的声音,使得大教室里鸦雀无声,一片寂静,听者无不为之动容。期间,于丹几次哽咽,泪水满脸。同学不止一次地递上纸巾。以往每次讲课结束时,总能赢得一阵掌声,这一次的掌声更为热烈,持续时间也更长。此后一直到放暑假的每一节课上,于丹总是先讲些与四川地震有关的事,而且,每次总是泪水涟涟,惹得好多女孩子和不是女孩子的人也跟着掉泪。

课后,我在感动之余,一次次地思考着于丹这一番话的意义。是的,也许你可以说,于丹这是感性,是多情善感,是悲悯情怀,甚至你还可以说是节外生枝,相对于授课内容,是未必值得肯定的"跑题"。但我以为,这一番话的深层意蕴,也许还在于从教育学的意义上进行解读。

什么是教育?教育何为?雅斯贝尔斯在《什么是教育》里说:"所谓教育,不过是人对人主体间的灵肉交流活动(尤其是老一代对年轻一代),包括知识内容的传授、生命内涵的领悟、意志行为的规范,并通过文化传递功能,将文化遗产教给年轻一代,使他们自由地生成,并启迪其自由天性。"这就是说,教给孩子知识是重要的,但光教给孩子一些知识,只重视孩子的文化学习,这还不是完全的教育。完全的教育,是把孩子作为一个完整的人来培养的工作。作为一个人,孩子不仅需要知识，他更需要灵魂。他还有意志、信仰、交往、行为规范等方面需要培养和发展。只关注文化知识的教育，是不顾孩子灵魂的教育，也常常变成没有灵魂的教育。教育必须关注人，首先是人的灵魂，人的精神，教育应该致力于人的和谐发展和健康成长，使教育成为一种洋溢着郁郁勃勃的生命意识的活动。知识应该是有体温的。一切知识的教学，如果脱离情感的滋润，把知识学习当做单纯的知识传递，就不可能真正促进学生的成长成人，知识本身的接受也是肤浅、苍白和无力的。于丹老师的可贵之处，就在于心中始终有人，在知识教学的同时，把人的精神和灵魂教育放在了重要位置，既做"经师"又做"人师"，以人格濡养人格，以心灵滋润心灵，以爱呼唤爱。有了这样的认识，才会情动于衷春风化雨，不失时机恰到好处，课堂的精彩才会不期而至！

在我们的教育生活中，忽略、漠视人的精神和灵魂教育的现象并不少见。在现实背景下，分数和数字固然重要，但把教学仅仅当做知识的传递，把教育仅仅理解为升学的数字（我说的是仅仅！），长此以往，贻害无穷。技术代替了艺术，制造代替了创造，焦虑代替了快乐，就会出现如苏霍姆林斯基所批评的那样："如果一个人只是在分数上表现自己，那么就可以毫不夸张地说，他等于根本没有表现自己，而我们教育者，在人的这个片面性表现的情况下，就根本算不得是教育者——我们只看到一片花瓣，而没有看到整个花朵。"在这样的教育环境中，出现学生不愿意学习，把学习当成苦事和沉重的负担，或者道德不健全、情感冷漠、思维迟钝的现象就不足为奇！学生无法全面地表现自己，也就谈不上全面和谐的发展。

北京归来，我对于丹少了一份偏见和误读，多了几份景仰和敬重，不再把她看作学术"超女"，而是把她作为站讲台、捏粉笔头的普通老师；不仅仅是因为和她的教学理念相同，更因为认同和欣赏她充溢于教学过程的生命和人本意识！

我们该以怎样的姿势站立

几年前，著名语文特级教师、杂文家吴非的教育随笔集《不跪着教书》风靡教坛，一时洛阳纸贵。的确，吴非老师提出了一个发人深省的问题——今天，我们怎样当教师？我们准备当怎样的教师？吴非已经用他的文章告诉我们——不跪着教书！不跪着，就是要站起来，就是要有独立的思想和自由的精神，要有自己的人格和思考。那么，下一步的问题就是——我们该以怎样的姿势站立？我们能够将自己站立成怎样的姿势？我们凭借怎样的支点和力量来支撑自己的站立？

20世纪20年代，鲁迅曾在北平女子师范大学做了《娜拉出走怎样》的著名演讲。在这场讲演中，他清醒而尖锐地提出了"娜拉出走之后怎么办？"的命题。这是一个深刻的提问——娜拉出走，意味着抛弃旧制度、旧秩序、旧文化，具有强烈的革命意义，但出走之后怎么办？鲁迅在演讲中一针见血地说：由于缺乏独立的经济地位，娜拉出走以后"或者也实在只有两条路：不是堕落，就是回来"。是的，娜拉出走要有出走的条件，教师站立也要有站立的环境、基础和力量。

从外部环境来说，社会要为教师坚持素质教育、坚持独立思想、坚持独立人格创造良好的氛围。别的且不去说，就是真正按照教育教学规律办事，着眼于学生的全面成长和培养一个大写的"人"字，体制机制舆论氛围还没有提供一个相对开放和充分的空间。这一点，置身教育圈的人都有体会，无论是管理者还是广大教师，大家都有自己的不舍，也都有自己的无奈。

我更想说的是我们自己。我赞成吴非所说，其实我们每一个人也都有自己的努力空间。吴非一直呼吁教师要保持一种知识分子的尊严，呼吁教师首先要成为一名知识分子。吴非说："近年，我一直在思考：从20世纪初的新文化运动以来，我们有没有真正意义上的知识分子？有没有那种坚持独立思考、具有独立人格的知识分子？可能非常少，否则我们中国的改革不会这样困难。现在人们的观念变化得非常快，也让人吃惊，一些本来很重要的理念、立场，几年间就变得无所谓了，仿佛富裕比人格更重要。在学校里，有那么多教师做梦都想'从事管理工作'。我就不明白：难道当教师就没有尊严吗？"教师的尊严是什么？教师到哪里去寻找自己的人格尊严？这实际上关系到对教师职业的理解。只有深入理解教师职业的意义和价值，才能从工作中感受到自己的尊严。意义，只有在真正理解之后才能凸现。

其实，叶圣陶老先生对此早就有过明明白白的阐述。叶圣陶在《如果我当教师》中说："我如果当中学教师，决不将我的行业叫做'教书'，犹如我决不将学生入学校的事情叫做'读书'一个样……说成'教书'，也便把我当教师的意义抹杀了……"这是叶圣陶在70年前发出的呼吁！今天，我们的教育进步了多少呢？我们有没有把我们工作的大事小事同培养"健全的公民"联系起来呢？在对培养"健全公民"这一教育真谛的理解上，我们敢说我们都尽到自己的责任了吗？如果我们为了小数点以后的一位两位数字而舍弃学生的身心健康、品行修养，如果我们在课堂上评述社会现象缺乏必要的人文素养（甚至把学生的正确观点当做谬论来批评），如果我们为一点蝇头小利甚至可以视同伴为对手把竞争推向极端，我们又到哪里去寻找我们作为教师的人格尊严呢？吴非老师之所以可贵，就可贵在他始终怀有知识分子强烈的社会责任感。他说："中国的教育将往何处去？明天，谁来建设这个国家？这些问题，如果我们不思考，也许就没有人去思考了。"如果我们不思考，也许就没有人去思考了；如果我们不做，也许就没有人去做了！如果每一位校长和教师都怀着这样的责任感去做教育，我们的教育一定会有一个新的气象。

决定我们站立姿势的还有我们的教育教学能力。教师干的是技术活，技术含量挺高，但仅有技术还不够，还要有教育素养、人文素养，爱心、公平、责任，甚至还有性格，如亲和力等，一个优秀教师真的就是一个教育专家。教育职业对人的综合素养的要求大概是其他任何一个行业都不能相比的。怎么办？我们只有不断努力地读书，实践，反思，别无他法。工作的过程就是专业发展不断深入的过程，因为知识在变，更重要的是，时代在变，社会在变，我们的教育对象在变。一个教学循环下来，你会发现新一茬学生和三年前的学生相比，已经是迥然有异了。那么，我们就得重新适应他们，向他们学习，和他们一起成长。当然，这样的适应也有好处，我们可以相对年轻！这是职业的赐予。我们在享受这一份恩惠的同时，也得不断地付出，不断地学习和提升自己。吴非老师说，我们要从自己的工作中获得愉快，这是经验之谈。能从自己的工作中获得愉快，就是一种十分重要的能力。缺少这种能力，就会常常收获沮丧、挫折。获得愉快，前提是做出成功的工作；工作不成功，就无法获得愉快。同时，能从琐碎的教育劳动中获得愉快，本身也是一种能力，我也曾见过一些老师，工作做得相当不错，但常常是牢骚满腹。

当然，在教育生活中，没有人总是一直获得愉快，没有人一直和沮丧、挫折无缘，不管你是青年教师，还是资深教师。这正是教育工作辛苦的地方！我们能做的，就是尽可能让自己从工作中多获得一些愉快，少遇到一些沮丧和挫折。如果还是用站立来打比方，没有人站立的姿势一直潇洒、一直优美，始终不变；但是我们可以一直调整我们站立的姿势，迎风而立，髻发飘飘，我们不怕左右摇摆、趔趄甚至偶或摔跤，但我们一直在努力站立，努力站立成雕像的姿势！

一个无法忘怀的故事

每逢教师节,这个故事就会萦绕心头,久久挥之不去,甚至连同讲这个故事的人以及讲故事的环境气氛,都会一同涌上心头。记忆,真是一件十分奇妙的事,它的选择性和指向性很强,选择什么记忆、铭记什么、遗忘什么,其中的内在理据无法解释。

讲故事的人,是我中学读书时非常崇敬的陈晓滇老师,他在学生中声望极高。讲故事的时间是春节,那时,我已回到我中学母校工作,和我的老师成了同事;我们住在一个校园,又是邻居。那年春节,天寒地冻,雪花飘飘,我到老师住的三间茅庐之家拜年。围着一个旺旺的大火炉,我们海阔天空,谈兴正浓。师生闲聊,师生关系总是少不了的话题。于是,引出陈老师弟弟的一段故事。

"文革"中,江南某地一中学生在武斗中受重伤。在生命垂危之际,这个初二学生向家人提出要求,想和曾经朝夕相处的全班同学见上最后一面。此时,班级正分成两派,森严壁垒,势不两立。谁能把这些对立双方的"革命小将"从硝烟弥漫的壕堑中拉到一起呢?于是,想到了他们的班主任老师。这位被双方的"革命小将"多次批斗、此时正赋闲在家的老师,听说学生的这个心愿之后,二话没说,开始行动,走东串西去游说动员,硬是凭着自己的影响和凝聚力,把全班近50位同学一个不落地聚集到这位中学生的病床前,满足了濒死少年的最后心愿,于是他含笑离去。从此,武斗双方也化干戈为玉帛⋯⋯

这个故事中的班主任，就是我老师的弟弟。这件事真是什么时候想起什么时候感动。感动之余，我总想参悟事件背后的意义，可一时却不知从何说起。这个故事如同一粒种子埋进心田，成了我挥之不去的一个情结。几年以后，终于发芽破土，催生了我的第一篇教育研究论文，论文的核心话题就是教师的人格魅力。

是的，我想到了教师的人格，想到了教师人格魅力的塑造及其意义。很明显，弥散在那位班主任老师身上的不可思议的神秘力量，与其说是巨大的声望和强大的凝聚力，不如说是人格魅力所在，是老师巨大的人格魅力唤回了那一群迷途"羔羊"。"云山苍苍，江水泱泱。先生之风，山高水长。"人格的力量可谓大矣，人格的魅力可谓强矣！

人格是什么？人格包括一个人的道德品质，但又不止是道德品质，它还指一个人的性格、气质、能力等特征的总和。教师对学生的影响，一是知识，二是人格。前者自不待言，后者却常常为人们所忽略。其实，教师人格对学生的影响，比起知识的影响，可能要更为巨大，更深远。因为它影响的是学生的人格，学生的心灵。心灵需要靠心灵去塑造，人格需要用人格去培养。知识可能随时间的流逝而渐渐遗忘，人格魅力打在学生心中的烙印却不仅不会随时间消逝，相反，往往珍藏在学生的心灵深处，像陈年老酒，历久愈香。

说教师富有魅力的人格可以影响学生的一生，绝非夸张之言。英国学者塞缪尔·斯迈尔在其论著《人性的真谛》中曾经指出："人格，它伴随着的是时时可以奏效的影响，因为它是一个人被证实了的信誉、正直和言行一致的结果，而一个人的人格比其他任何东西都更显著地影响别人对他的信任和尊敬。"遗憾的是，对教师人格问题的研究，现行的教育理论却做得很不够，教师职业规范只有道德的要求（这当然是非常需要的），却很少提及人格魅力的培养和塑造。教师的人格构成要素有哪些？教师富有魅力的人格是如何形成的？教师的人格魅力对工作的影响如何？是不是仅仅道德高尚就能成为一个富有人格魅力的教师？奉献精神之外，作为教师的我们还需要作哪些方面的努力？这些问题，都期待着教育理论作出进一步的回答。

理论总是灰色的，而生活之树常青。教育工作从来就不缺少诗意，教师从本质上讲应该是诗人。在我们的教师队伍中，无数优秀分子都以他们的丰富实践和美好人格，默默无闻，辛勤耕耘，以他们的丰富学识和人格魅力濡养着莘莘学子。只要按照教育的规律还教师一方神圣的净土，富有人格魅力的教师队伍就一定会不断成长，教育的诗意会永远充溢青青校园！而从根本上说，只有形成一个富有人格魅力的教师群体，教育事业才会真正充满生机和活力。

但是，反观我们的教育环境，不能不承认，教师人格的塑造和张扬还缺少必要的空间和宽松的氛围。究其原因，有经济、社会、文化等外部环境的影响，也有教育体制内部种种因素的制约。从外部环境讲，中国传统文化赋予教师的角色定位就是谦谦君子、蔼蔼书生，但是对富有个性特别是张扬的个性总难有宽容的态度，留给教师展示人格魅力的空间总是嫌太逼仄狭小。其实，教师不必成天总是一副"教育者"的脸，更没必要在学生面前故意端着"架子"，以为非如此就不能树立威信；相反，真诚是第一位的。只有真诚，教育才有力量，教师才会赢得学生的信任和热爱。同时，适时适当适量地展示一些你的个性特长兴趣爱好甚至是小小的缺点或不足，都有可能意想不到地为你的人格魅力加分。

从教育内部环境讲，还普遍存在着由于过分注重"分数"带来的师生关系紧张。在很多地方，教育质量（其实只是被量化了的升学分数）已经成为学校的"生命线"，学校的这种压力又很自然地以管理的名义转化为教师的工作压力。分数不仅仅是学生的"命根"，在很大程度上也成了很多教师的"命根"。这种教师和学生都把所有的注意力盯在"分数"上的胶着状态,其结果是严重地削弱了教师的职业魅力,其表现是造成很多教师的厌教。据《中国教育报》的一份报道:前几年北京的一项抽样调查表明,如果有可能,有55.6%的教师愿意调换工作。究其原因,在很大程度上是因为教师工作的压力。曾在一次学术报告里听过一个真实的故事:西部地区某所边远学校的校长规定,教师不准对学生微笑。理由是微笑换不来分数,就是要"虎"着脸去"死揪(念 qiǔ)"。试想,在如此恶劣的环境之下,教师会用怎样的心态去对待工作?还有多少人会去思考教师的人格魅力及其塑造?教师的人格魅力当然可以体现在课堂上,但往往在师生交往和活动中体现得更为充分。可是,这样的氛围哪里还有师生交往和活动的空间?例如去踏青、去野炊、去开篝火晚会……这些,能换来"分数"吗?

教育工作绝不只是知识的简单传承,教师人格的影响和濡养在教育活动中的作用怎么估计都不为过,尤其是对于中小学生。因此,教师人格魅力的萎缩和长期缺失,兹事体大,不仅关乎教师的职业幸福,而且影响学生的健康成长!

让工作滋养生命

这个题目还是2007年春天从北京拜访校友回来后写下的。当时颇有感慨,在电脑里建了文档命了名,却一字没写,后来一忙,也就事过境迁了。后来我组织"感受教师职业幸福,减轻职业倦怠"主题沙龙时,还想到这个空白文档,想什么时候把它补起来,可仍未如愿。开学前夕,在新学期的办公会上听到校长有关工作有益人生的一番论述,心有戚戚。于是又想到这个空白文档,觉得感想犹在,一年前的情景还历历在目。

产生这个感慨的因缘，是来自当时和一中部分北京知名校友的接触。那几天，先后拜见了十多位著名校友。他们年龄都在60岁以上，有的已是80岁上下。可是，他们的精神甚至容颜无一不是神采奕奕，看上去都要比实际年龄年轻许多。当然，我们可以部分地把原因归结到他们的江南人特质，但这点似乎不能说明全部问题。

我想起了到京后的第一次见面会。到场的人员全都是教授、总工级别的人物，还有几位两院院士。会场的发言自然与主题有关，都是关于校庆方面的。从散会后走在去饭店路上的交谈，到吃饭时饭桌上的闲话，几乎没有听到什么家长里短的唠叨，更没有一句涉及个人利益的牢骚之类的话。谈得最多的，是航天方面的最新进展，军工方面的最新成就和美国的空间竞争，又是最近什么上去了，什么掉了下来（指什么尖端项目发射）……都是专业术语，专家们如数家珍。我们听不懂，更插不上嘴，但可以看出这些杰出人物即使是平时聊天，也都是和工作、专业相关的大事。复杂的工作没有让他们觉得怎样的累，相反保持着新鲜的兴趣。

那天的聚会还有两个细节值得一提。著名计量专家张钟华院士，自始至终都拿着热水瓶，整个会场提茶倒水的任务全是他包了。我们几次要替他，他都不同意。他的理由是，我们是母校来的客人，不能让我们倒水；而在到会的北京校友中，他最小，所以应该服务。可是你知道吗？这位最小的校友也已经是60岁开外往70岁数的人了。看着张院士在会议桌周围脚步轻捷地走来走去，我感动之余，也很奇怪，这哪里看得出是花甲之外的老人啊！年轻的不仅是他的身体，更有他年轻的心态！还有一件事，午餐结束后，冶金专家殷瑞钰院士执意要用车子送我们去宾馆，一番推让之后，我们也就接受了。没想到的是，上车下车时，殷院士都是站在车门前开门关门，而且很亲切、很随和甚至很自然，一点也没有刻意为之的样子。这简直让我们一行三人不知所措。要知道，这位校友可不仅是中科院院士、著名冶金专家，而且还曾担任过冶金部副部长呢！看着殷院士谦和平易的笑容和那笔挺刚直的身板，我除了诚惶诚恐，还分明沐浴着一种宽厚仁慈的人格魅力的光辉！

第二天，我们去拜访顾诵芬院士。这是一位两院双院士，著名的飞机研制专家。顾老已是 80 岁高龄，却鹤发童颜，脸色红润，几无皱纹，说话底气很足。在顾院士面前，你简直想象不出几十年呕心沥血的科研劳作和学术生涯是怎么度过的，好像根本和辛苦、艰苦、枯燥、乏味这些字眼沾不上边！率领我们去的领导 MM 书记可能也对顾院士夫妇的年轻状态感到惊讶，交谈中亲切周到、嘘寒问暖的同时，礼貌而得体地询问老人现在服用哪些保健品，顾夫人报了一种什么名字，我已记不清了。叙谈下来才知道，老人家现在还很忙呢，每年要到国外参加学术活动，国内出差就更不用说了，开会、报告、鉴定。因为经常外出，老太太不放心，就不得不陪着他一起出差。老太太是协和医院的退休医师，也是专家级别的人物。这倒也相称，国宝级的人物，专家级的医疗保健。我在想，顾院士生命之树长青的奥秘是不是就在于对工作、对事业的全神贯注和忘我追求？按常理，功成名就的耄耋老人，早该在家颐养天年，哪里还会如此奔忙？或许正因为如此投身事业，才是老人年轻的最大秘密（当然，可能必要的保健也是起了些作用的）。人一旦进入忘我境界（当然，忘我是指境界，少杂念，不是不讲规律，不要调节，不吃早饭，夜半挑灯），身体可能会停止衰老（可以形形色色的气功、瑜珈、辟谷等为证，可惜现代医学还无法提供解释）……

还可以举出一些，不过已经足以说明问题了。北京之行，我的最大感受是，任何杰出人物的成功都不是偶然的。没有精神、胸怀和人格的高度，学术、专业、工作也不大可能攀上别人难以企及的成就。与此相关的是，一旦达到了精神、胸怀、人格的某个高度，工作对于他们，也就不是分外负担，而是一种精神滋养；工作，可能是这些院士专家们保持生命状态（包括身体和心理）年轻的最大秘诀——"工作着是美丽的"！这话不止一次地听人说起，不过，我是在亲眼见过亲身感受过这些老人的生命活力和精神魅力之后，才感触格外真切、印象格外深刻的。再往深处想一想，是不是所有工作都可以滋养生命？或者说，什么样的工作才可以滋养生命？显然，不是所有的工作状态都是可以滋养生命的。要不然，报刊上也就不会频繁讨论工作压力和职业倦怠的话题了。

那么，什么样的工作状态才是理想的，才可能是对生命的滋养而不是负担呢？这其实已经是一个复杂的人生问题了，各人都可能有各自的葵花宝典和高招，但是不是也应有一些共性的因素？例如，热爱自己的工作，把工作不仅当做职业也当做事业去做；工作时专注投入，休息时彻底放松，尽可能把工作的"内"和"外"区分开来；一个阶段有一个阶段的可行的追求目标，这样，不断地给自己一些成功的惊喜；多关心专业以内的话题，不关心或者少关心工作以外的是非；尽最大努力地创造和谐的人际关系，珍惜缘分，追求简单，包容宽容，避免心累；年轻的不妨单纯些，年长的不妨顽童些；事业看重些，名利看淡些，位置看轻些，这样，很多事不必太认真、太计较……这些，会不会形成你好我好大家好无原则无是非庸俗主义乡愿主义什么什么主义呢？其实，这样，又有什么不好？和谐的表征之一，不就是你好我好大家好吗？世界很大，无法穷尽无法满足；世界也很小，说起来，也就那么点事。让工作更专注些也更放松些，让人生更丰富些也更简单些，让生命更年轻些也更成熟些，让生活更充实些也更愉快些，多好！这样的工作是不是可算是对生命的滋养了呢？这是不是就是一种境界，工作的境界，生活的境界，甚至可以说人格人生的境界呢？

新春岁首，写下一段早就想写却一直忙得没写出来的话，和各位朋友共勉！

真情是最美的花朵

星期天,参加了学校高三毕业典礼。印象中的毕业典礼,也就是各方代表讲讲话,一个仪式而已。然而,没想到这个仪式是那样的激动人心、令人感怀。

典礼仪式在学校体育馆举行。照例,由学生代表、老师代表和领导代表分别讲话。

接下来的环节是献花。音乐声起。"鲜花曾告诉我你怎样走过,大地知道你心中的每一个角落……"深情款款的曲子在会场萦绕。这曲子选得真好,很能调动气氛,也很确切地渲染着主题。是的,相依相伴了一年两年甚至三年的师生,分别之际,该有多少话语要倾诉啊!

乐曲声中,高三毕业班的 20 位班主任老师和 20 位班长来到会场中央,分列两排,相向站立,相互凝望。音乐如潮水般阵阵涌起,好像也撞击着会场上每一个人的心房:"水千条山万座我们曾走过,每一次相逢和笑脸都彼此铭刻……"

优美的旋律中,从高三(1)班开始,每一位班长代表自己的班,依次向他们的班主任老师献上一捧鲜美的花束,同时,说上几句最想说的话语。班主任老师也向全班同学发表临别赠言。说不尽的感激,道不完的祝福!各班的献词都是一个主题:感谢老师!每位老师的勉励也都是一个中心:祝福同学!话短情长,临别依依。同学和老师的脸上都挂着笑容,那是收获时节的甘甜和幸福!

有几个特别的细节令我动容!先说老师的表现。周老师在致答谢辞时,走出队列,跨前几步,对着她的团队深深地鞠了一躬;致辞结束后，又是一个深深的鞠躬，这个鞠躬得是那样的规范和郑重。她是在对她的弟子们表示发自内心的感谢。感谢同学们对老师工作上的支持！一个动作，内涵丰富，可以反映出老师虔敬、谦逊的个性和风格。周老师是从幼师保荐上大学的，五年规范的师范教育使她比一般的教师同行更多了些教师素养方面的规范。走到同学们面前讲话的还有第一年带毕业班的教英语的庄老师。庄老师走向同学们时，表情一反常态，非常严肃庄重，几句简短的话说得特别动情。说完话走回队列时，却是一种强忍住不哭的表情。是激动？是难舍？是打翻了五味瓶……初为人师，三年走了高一到高三的三大步，庄老师的心中应该是有太多的话要说。相信第一次送毕业班的班主任老师，都曾经有过此种滋味在心头！

再说说同学的表现。印象最深的是马老师班上的女班长。一句非常个性化的语言令全场欢声雷动："老马，我们永远感谢你！"此时此地，"老马"二字丝毫不让人觉得突兀、唐突，相反却感到非常亲切和温馨！同时，老马的队伍里也爆发出一阵叫声，遥相呼应。再一个印象较深的是朱老师班上的女班长。前面不知讲了几句什么，突然，女班长大声地喊了一句："朱老师，我们爱你！"此时，我清楚地看见，那位女班长是一脸的笑容，还有两行晶莹的泪水。女班长大声喊着的时候，还特意掉过头向她们的班上望去，果然，人群里也爆发出一阵欢呼！可能是看到一个比一个表现得更纵情，到了最后20班陈老师的班长讲话时，说着说着，班长突然提议："此时此刻，我实在不知道用什么语言来表达我的心情。我只想给陈老师一个热烈的拥抱！"于是，整个献花仪式也是整个毕业庆典的高潮出现了——那个小伙子班长和这个班主任女老师紧紧地拥抱在一起！当时，我们坐在老师的背面，看不到陈老师的表情。现在，从校园网的照片上可以清楚地看出，陈老师是满脸的幸福与陶醉！我估计，前不久结婚典礼上的新娘子陈老师，其笑容之灿烂与陶醉也不过如此吧！感谢摄影师，为我们留下了这一记录师生真情的珍贵瞬间。

这个毕业典礼让我感触良多。第一，谁说我们现在的孩子不会感动，那是我们没有给他们释放激情的机会。给他们什么样的舞台，他们就能演出什么样的活剧。第二，一分耕耘，一分收获。从我们做老师尤其是班主任的角度说，其付出劳动的辛勤和艰苦，非经过者不能完全理解；但是，这种劳动所带来的收获和愉悦，也是非个中人无法充分体会的。没有做过班主任的老师，是不完整的老师；如同没有做过母亲的女人，不能算是完整的女人一样。第三，这场别开生面的毕业典礼，从教育学角度解读其意义是多重的。对于学生，这未尝不可以说是一次感恩教育。受业三年，临别之际，应该有这么一个庄重的感谢。懂得感恩的人，会更容易地感到生活的幸福。对于教师，也未尝不可以说是一次师德的淬炼。付出的心血多少，师生的关系如何，教学的成功怎样？一场小小的毕业典礼，往往也是一次隆重的检阅。让教师在享受职业幸福的同时，也能从中悟出几条工作中的成败得失。感谢这场别具匠心、令人难忘的毕业典礼！让我重温了一回久违的感情，也让我一下子想起了以前做班主任带班时的点点滴滴……

"铁打的营盘流水的兵！"毕业典礼还会年复一年地进行下去。年年岁岁花相似，岁岁年年人不同。每年毕业典礼上学生的脸孔，都是一样的年轻和朝气；不同的是，每参加一次毕业典礼，我们老师脸上的皱纹和沧桑，就会多了许多。没有什么办法能挽住飞逝的岁月，最能慰藉教师心灵的，也许就是眼前师生之间的真挚感情。作为终生主要和书本、学生打交道的教师，对于这份和我们工作对象之间的纯真情感，我们怎么会不倍加珍惜呢！教师的职业幸福在哪里？师生关系应该是一个重要的领域，这里是贮藏着教师工作动力和职业情感的一座富矿！

成人之美

经历过太多的成人宣誓仪式。每一次都有所感动,每一次也都会觉得有所不足。十八岁,人生中多么重要的一道门槛啊!迈过了这道成人之门,不仅意味着独立,意味着责任,意味着权利,而且还意味着对少年的告别,意味着对家庭依赖的告别,意味着对人生襁褓的告别……或许,还有很多很多没有想到的意味。告别一段青涩的岁月,开启一个烂漫的年代。这样的关键时刻,再怎么隆重的成人仪式都是值得的。

因为正值高三这一特殊阶段,成人仪式一般都会安排在四五月份。一方面,此时正值春暖花开,正是一年中最美好的日子。另一方面,此时正值高考前夕,可借此激发高三学子奋力冲刺一把:领导讲话,家长祝辞,学弟学妹献花,升旗,唱歌,一次绝佳的考前热身。庄严的仪式夹带一点功利,在现实环境中无可厚非。但是,今年我们学校的成人仪式,却着实让我大开眼界,让我情不自禁地为教育者们的匠心喝彩,敬意油然而生。

那天,午后的春阳格外灿烂而温暖,悠扬动人的歌声一遍遍响起:把握生命里的每一分钟/全力以赴我心中的梦/不经历风雨怎么见彩虹/没有人能随随便便成功/把握生命里的每一次感动……然后是领导激情洋溢的讲话,家长语重心长的叮嘱。这些,都和往常一样,不一样的是下面激动人心的一幕。

一条长长的红地毯,从陶苑一直延展向办公楼后面。同学们四路纵队,踏上长长的红地毯,缓缓走过。那一刻,大家脸上荡漾着无比幸福的神情,俨然电视上出席颁奖大典的嘉宾。不,比那些嘉宾更多了一份庄严、一份神圣。录像机的镜头在他们前头引领，悠扬的旋律一轮轮拍打着他们的心弦。

沿着红地毯，绕过办公楼，长长的校园围墙上，挂着一幅巨大的幕布，上面贴满了这些同学从儿时开始的形形色色的照片。有牙牙学语时的懵懂，有蹒跚学步时的稚气，有佩带红领巾时的天真，有初中游园时的戏水弄花……群星耀眼，千姿百态，不一而足。照片带他们回到了童年，回到了那些难忘的青葱岁月。队伍一下子散乱了，雀跃着的同学们争相找着自己，又不时对着好友们的"丑态"指指点点、评头论足，无拘无束的笑声在校园上空回响。

一阵喧腾过后，仪式继续进行。整队，出发，再往前。紫藤苑前，红气球扎成一座高大的"成人之门"，队伍从门下鱼贯而入。那一刻，紫藤苑寂静无声，枝叶婆娑的千年紫藤像一位白发飘飘的老祖母，慈祥地迎候着这些即将步入成年的英姿少年。在紫藤苑里，同学们默默地许下自己心愿。紫藤，见证着他们成人时的心声。走出紫藤苑，这些刚刚获取选举资格的共和国最年轻的成年人，个个是一脸灿烂的笑容。面对着这个场面，校长不无自豪地说："看看我们高三同学的笑容，是不是可以跟任何一所学校的高三同学相比！"

笑容挂在脸上，幸福荡漾在心头。仔细追寻，成人仪式年年都有，每一所高中学校也都在进行，为什么今年的成人仪式效果如此之好？

首先想到的是形式。是的，这是一个别开生面、独具匠心的形式。也许，你还会对这样的形式不以为然。错了！教育活动中不能没有形式，不，应该叫仪式。教育活动中的仪式具有非常重要的作用，尤其是在中小学，这与他们的年龄特征有关。必要的仪式可以唤起一种强烈的情感，仪式也有一种力量。忽然想起读宗白华时记住的一句话——形式也是内容。是的，有很多时候，形式不单是形式，也是内容。没有内容的形式当然不好，但世界上没有不具形式的内容。这在艺术上是普遍真理。看看京剧里的一招一式就知道形式在艺术中的作用了，在生活中也是这样。婚礼是形式，但当新娘新郎走进教堂，在庄重的音乐声中，在牧师的祈祷声中，在亲朋好友的注视之下，新娘新郎庄重起誓：一生一世爱你！此时的形式也就具有十分厚重的内容感了。在教育活动中，尤其是对中小学生的教育活动中，形式——有内容的形式应该是十分重要的。可惜，现在这样有内容的形式越来越少了！很多可以充分挖掘和发挥的仪式活动，常常因为我们教育者的粗心、疏忽和轻慢，而真的变成了走走过场的"形式"，从而失去了教育功能。

　　当然，也不是所有的形式都能产生理想的效果。形式必须和内容完美结合，才会焕发出形式的力量。或者说，内容必须找到与之相得益彰的形式，才会奏效。这就涉及一个重要的话题，尊重学生的主体地位。教育活动必须让学生唱主角，活动设计必须从主体的情感需求出发。从学生的成长需要和情感需求出发，就是对他们最大的尊重和满足。这次成人仪式之所以成功，正是因为高度凸显了学生的主体地位，高度满足了学生的情感需求。关键的环节就有两个，一个是走红地毯，一个是看成长墙。走红地毯给了他们以庄严神圣的感觉，让他们明白，十八岁，这是一个非同寻常的年龄；成人仪式，这是一个非同寻常的时刻。从今以后，我就是成人了，此时此刻，一种自豪感和责任感油然而生。成长墙则让他们回眸一路走过的足迹，品评成长的苦涩与欢欣，对父母和老师的感激之情也自然在心头涌起。同时，从过去的足迹里还可以找到前行的动力，日子不可能一帆风顺，过去的成功可以给自己以激励和鼓舞，生发出一种奋发向上、勇敢面向未来的人生激情。这些，不正是十八岁成人宣誓仪式的全部内容和目标所在吗？

　　生物学家告诉我们，橙子和柚子的每一道美丽的曲线，都说明其味道甜美；骏马的每一条曲线和肌肉，都表示它的力量和勇气。大自然中无数的现象启发我们，赏心悦目的形态，结构线条往往充分满足了功能需要。那么,教育呢?我们可以从中悟出些启发来吗?我们的教育内容,需要寻找与之相匹配的形式;我们的教育活动,需要赋予与之相适应的内容。很多时候,学生厌烦的不是那些活动本身,而是那些缺乏内容的形式,那些不尊重学生主体地位的形式,那些忽视学生成长规律和发展需要的形式。

孩子,爱你并不容易

《姑苏晚报》关于吴樱花老师的报道和日记一连发了好几大版,可谓破天荒。于是,学校请来了吴樱花,几十位老师齐聚紫藤苑举行了题为"孩子,爱你并不容易——和吴樱花零距离"的教育沙龙活动,面对面地听到了一个个有血有肉的故事。虽然报纸上的事迹大家都看到了,但是,当我们走进活动现场,听吴樱花自己真诚地讲述真实、原汁原味、毫无矫饰的那些教育故事,还是感到了很大的震撼。

面对班级一个十分调皮的学生,吴樱花连续三年为他写观察日记,详细记录关注他、教育他以及为了改变他所作的种种努力。三年的辛苦感动了那位"问题"学生。最后,那位学生也以全市中考状元的优异成绩回报了吴老师。教育植根于爱,没有爱就没有教育。这个道理大家都懂。但明白道理和真正实践起来并不是一回事。在这一点上,应该是"知易行难"。爱好学生易,爱有麻烦的学生难;一时一事地爱易,持之以恒地爱难;高兴愉快的时候爱易,心情郁闷的时候爱难;手到"病"除、立竿见影的时候爱易,反反复复、问题缠手的时候爱难。而这些,吴樱花和许许多多的"吴樱花"们做到了,而且还天天正在进行着。

发言中有老师提到"教育惩戒"的问题，引来了不少老师的共鸣。教育惩戒一直有人呼吁，好像有段时间有几十个人在网上倡议，要求国家立法"教育惩戒"，引来很多人的认同。教育是否需要惩戒？仁者见仁智者见智，都有道理。我个人不大赞成。我一直记着一位教育家的名言："教育是太阳底下最危险的职业。"这句话其实和"教育是太阳底下最光辉的职业"同样有名。可惜我们只宣传后一句而从不提前一句。教师职业为什么危险？我的理解就是一不当心，就会因为我们的"惩戒"而毁了一个人。在特定的时候对于特定的对象，惩戒可能是有用的、必需的。但问题是，假如是我们判断错了呢？假如是因为我们自己的情绪不好呢？假如存在着什么误会呢？此时的惩戒岂不是会铸成大错。法庭尚会冤枉好人，何况我们教育工作者呢？更何况，退一万步讲，法庭冤枉的是成人，他们的承受力强；而假如我们惩戒错了，幼小的心灵将恐怕承载不动。所以，倒不如"宁可漏网一千，决不错惩一人"。也许问题还不止于此。即使没有冤枉，就应该惩戒吗？就能有效吗？也是应该打一个大大的问号。

听着吴樱花和大家的发言，我也想起了自己担任班主任时的历历往事。以前在农村担任初中班主任，说实话并没有碰上过特别难缠的孩子。曾经有一个个头大一点的孩子，稍稍有些调皮，我用一个"体育课代表"的职务就把他给收买了。结果这个大个子同学对我特别好，若干年后我调到县中工作，一个冬天的晚上，已是9点多钟，大个子从外地打工路过县城，特地找到我家，说就是想来看看我，令我感动良久。后来，担任高中班主任，倒是遇到了几个曾经让我头疼的学生，没少让我费脑筋。有的不爱学习，有的喜欢和同学弄点小"摩擦"，总之让你班主任不轻闲。但是，退一步想想，如果你教的全班同学都清一色地那么热爱学习、那么听话、那么"乖"，那么，班主任的工作还真的就少了许多色彩。当然，当时年轻气盛的我也不那么从容，爱和他们较真，因此也就生了不少的气。其实，稍微宽松一点、从容一点，班级多几个有个性、有特点的孩子，还可以为班级工作增加一些色彩和乐趣呢。转眼就是一二十年过去，如今那些孩子个个也都颇有出息呢！一次毕业生聚会，紧紧围着我不离左右，问长问短，问得最多的恰恰是那几个"淘气包"。作为一位经验丰富的教师，真的应该一视同仁，尤其是对那些一时表现不怎么样的学生，应该给他们以成长的时间。就像孩子的个头，有的长得早一些，有的长得晚一些。没准哪一个瞬间，那些晚长的人就成长起来了，或许还会超过早长的人呢。教育，是慢的艺术；教师，得学学农人。老师应该用一副充满期待和欣赏的目光，像农人一样蹲在田头，静静地听禾苗拔节的声音，那一曲生命成长的交响乐！

因为难能所以可贵，因为艰苦所以幸福。在我们付出艰辛、付出心血的同时，花儿在悄悄开放，生命在吱吱拔节。我们和孩子一起成长，一起承载成长的痛苦，也一起分享成长的快乐。我们不是因为爱教育才爱孩子，我们是因为爱孩子才爱教育！我们不是"苦行僧"。在付出爱的过程中，寻找和创造教师职业的快乐和幸福，是我们每一位教师都应该努力学习、不断体验的。如此，我们才会事业之树常青。

教育的爱是一种特殊的爱。教育是激发，是激励，是唤醒。因此，教育职业对教师的爱提出了很高的要求。不仅要有爱的良好动机，还要有爱的能力、爱的智慧、爱的艺术。教育的爱是雨露，是阳光；是轻抚，是呵护；是春风化雨，是孜孜不倦。但教育不全是甜点心。有时，也需要严格严肃甚至严厉，也需要触击碰撞甚至交锋（当然是指心灵）。这也是爱，我们的孩子应该学会接受这份爱。我还想说的是，教育是一项系统工程。社会也应该对孩子的成长多一分关心，对教师的工作多一份理解。开放的社会环境给孩子的影响是多元的、多重的。教育孩子，家长、社会都应该有一份责任。只有形成爱的合力，学校教育才不至于苍白无力，教师的爱才会更加有效。在激烈的市场竞争和生存压力面前，我们也和家长一样，望子（生）成龙。但同时，我们也明白，教育是有规律的，不遵循规律就会受到规律的惩罚。

孩子，想说爱你不容易。但我们会一如既往地爱下去，而且，会爱得越来越好。因为，我们也在不断学习、不断成长。

这样的滋味你有没有

近些年，每次寒暑假都要组织老师们撰写教育叙事。那一次，读到我校初中部王老师《工作四味》的叙事文章，令我感慨良久。王老师在文中写了自己教学生活中的酸甜苦辣四件事，颇值得分享、体味一番。

第一件事是"甜"。一次放学时，在车库前被一群以前教过的同学截住，要求王老师签名。这批同学是王老师初一初二教过的学生，现在升到初三。于是，离开了王老师的学生在车库前截住了王老师。同学得到王老师的允诺后迅速拿出笔和本子："老师，你在这儿签，对，对，写得大一点，花哨一点嘛……"呵呵，颇让这个王老师体会了一回做"明星"的感觉。

第二件事是"酸"。正在办公室吃午饭的王老师被一群孩子围住。突然，眼前一片黑暗，咦，是谁蒙住了我的眼睛？"老师，你猜猜我是谁？"燕妮？不对，杭晨？不对。原来是陈蓓月，兴奋和失落交织在她的脸上。"王老师，你有没有男朋友？我帮你介绍一个吧！"对面吃饭的同事，动作停留在了半空中，视线从饭盒漂移到陈蓓月的身上，上下打量着这位21世纪的新时代学生，佩服她的胆量，也惊讶于她的行为。办公室的空气同时凝固，前后左右的目光聚拢而来，汇集在这里，温度一点一点升高,有点呼吸困难。"王老师,我没有开玩笑,我是很正式地给你介绍男朋友,他叫……"她罗列着一项项内容,按照时下的价值观趋向,把叙述的重点放得恰到好处,希望得到老师的注意和认同。矛盾并且有点尴尬的王老师犹豫了一下,选择了一个委婉的方式告诉她,自己已经有男朋友了,同学有点尴尬还仿佛有点受伤似的离开了办公室。

第三件事是"苦"。这个"苦"不是通常我们所说的"苦"和"累"的"苦",是因为学生回答问题触及的社会现实让老师觉得痛苦。那天,讨论的话题是"君子爱财,生财有道"。一个同学说她家有一个亲戚,是做生意的,做得很成功,赚了很多钱。这个亲戚曾经对这位同学说,除了梦话以外,他平时说的都是假话。王老师说,此时有一种痛苦的感觉。

第四件事是"辣"。课堂上,一个调皮的男生坐在凳子上不老实,让四只脚的凳子一只脚着地支撑着一个人的重量,男生不停地摆动身体调节力量的平衡……王老师要出"辣手"了,她一边观察各小组的讨论情况,一边从后面慢慢靠近,然后左手越过他的肩膀,往后一拨,微妙的平衡瞬时土崩瓦解,身体随势向后倾倒。就在这突如其来的变化中,在这凳子落而未落的时候,王老师的右手又在他的背部一托,借助外力,让他又恢复到了平衡状态,让这个同学体验了一回惊险而又刺激的"游戏"。

王老师的酸甜苦辣四件事,除了第三件"苦"涉及社会问题,其他三件都与师生关系有关。酸甜两件事,让我们充分感受到了王老师和同学间的亲密关系。管中窥豹,由此我们不难发现王老师的人格魅力和教学魅力。两种魅力缺少一样,都难以赢得同学们的如此欢迎和拥戴。为师若此,何复他求?王老师自己也在这篇短文中议论说:"我十分喜欢我目前的工作,因为它是我教育理想实现的支点,也可以把工作的需求和生活结合在一起。尤其喜欢课堂讨论，同学思维活跃的时候，也正是自己情感愉悦和快乐的时候。什么是教师的职业幸福？这就是。享受课堂，享受师生的活动和交往，分享同学学习的成功和喜悦（当然也包括在遇到疑难时帮助同学'解惑'的过程），分享同学对自己的认可、喜爱、拥戴甚至崇拜。"

仔细想来，二件事之间还存有因果关系。为什么同学那么喜欢他们的王老师？这份喜欢绝不会来得无缘无故，出"辣手"一拉一推的两个动作，其实已经给了我们答案。课堂上孩子有些调皮的举动或者言论，其实是再正常不过的事了。一般来说，只要不是十分严重的品质问题，老师都应该视为常态，巧妙化解。同样是学生"晃凳子"这件事，如果处理不当，劈头盖脸训斥一番，从维护课堂秩序的角度看，一般也会奏效，但是体现出来的教育智慧则有天壤之别。王老师的一"拉"一"推"之间，看似捉弄了那个同学一下，其实，不仅批评，关心、爱护都在其中，而且体现出一种教育机智，可能其他同学都不知道发生了什么，而当事人却会刻骨铭心，估计再也不会犯此类错误了。这可算是一个教育机智的经典个案。

师生关系在教育生活中的重要地位和意义，至今仍然没有引起人们的足够重视，甚至还存有种种误解和疑虑。于漪老师曾在一次个人事迹报告中，反思自己从教59年来的种种缺陷和失误，其中有一件事也涉及师生关系。于漪曾组织开展过一次跨国界的教育科研项目，在国内还拿了奖，但请国际上的同行一审定，却反映出了种种问题。于漪说，"虽然我们在教育技巧上表现得很强，但师生的亲密关系却比国外要弱……"殊不知，师生关系乃是教育教学活动中占据要津的问题，不容小觑。现实中一个比较普遍的现象是，人们多把教育管理的注意力集中在教学成绩方面，而往往忽视师生关系。事实上，即使是从学习成绩着眼，师生关系也是十分重要的一个相关因素。因为，如果教师和学生之间没有建立起相互信任、理解和融洽的亲密关系，要想有高质量的教学成绩是不可能的。更何况，教育从来就不是只盯着"分数"的事，真正的教育应该关注人的心灵。从某种意义上说，师生关系的亲密程度，可以看做教育是否关注人、是否关注人的心灵的一个验证尺码。你的心里装着孩子，你真正关心过孩子的生命成长和心灵发育，就在孩子的心里播下一粒爱的种子，师生关系的大树就是由这样一粒粒种子发育生长而成的。

美国著名教育学者帕克·J·帕尔默（Parker J. Palmer）在《教学勇气——漫步教师心灵》中提出："一旦教师靠法律或技术的强制力量过活，他们就无权威、威信可言了。"教师靠什么力量在学生那里树立权威？良好的师生关系怎样才能建立起来？教师如何才能赢得学生的热爱和拥戴？王老师《工作四味》中的教育故事，应该可以给我们带来一些启发和帮助。

饭桌上的三个小段子

一次校际联谊，都是熟人，晚饭桌上，大家谈天说地。

饭桌上的语文帅哥 J 首先成了大家的话题。帅哥现在早已为人之父，女儿都已经上幼儿园了，可大家还记得当初他的恋爱风波。这位小伙子因为长得太帅，当初和本校一位女老师恋爱的消息传出，竟然"激怒"了他授课班级的众多美女"粉丝"。女孩子们情绪急剧波动，其中一位最激进分子扬言："我恨不得一脚把她（帅哥的恋爱对象）从楼上踹下去。"这个说法一直在坊间流传，不知真伪。今天当面说起，语文帅哥承认确有其事，然后淡淡地说道："慢慢地，班上的女孩子也就接受了。"

大家一番感叹，今天的学生啊，该让老师如何爱你……J副校长又讲了一个有鼻子有眼的故事：

某历史老师怀孕，腆着大肚子继续上班。结果，一段时间下来，班里考试成绩直线下降。这位历史老师一向优秀，工作责任心也有口皆碑。众人皆归因于怀孕，因为大肚子，影响了她在班上孩子心中的美好形象。"你不好看了，我们就不想学您的课了！"呵呵，尚未问世的小宝宝，成了妈妈教学失败的"替罪羊"。岂不冤哉！

话音刚落，另一所学校的领导W副校长又提供佐证：

某数学女老师，一次雨天，匆忙之中穿了一件过时的旧衣服上班。结果，一进教室，孩子们七嘴八舌："老师，你的这件衣服真该淘汰了！""老师，你穿这件衣服真难看！""太丑了！"就这样，数学老师只好颇为狼狈地"逃"出教室，"逃"回家中换了一件衣服，否则，这整整一天的日子就没法过了！

于是，席间一片唏嘘之声："今天的孩子啊！"

是啊，今天的孩子啊，我们该拿什么爱你？爱心，知识，智慧……这些都是需要的，可是仅仅这些还不够？还得有美貌，气质，风度？可这些，岂是每位教师都能有的呢？仔细体会这三个段子，还真有值得玩味和咀嚼之处。

学生对教师产生这些看似不合情理的心理和要求，是对是错并不是本文所要讨论的问题。我只想说，是生理、心理使然，同时更是环境使然、世风使然。你说它是对是错，都无济于事。需要讨论的是，既然形势"严峻"若此（虽然三个段子都是特例，但也代表了一种趋向），我们当教师的该如何应对？身材面孔是爹妈给的，由不得我们去选择，但是，气质、风度、涵养等内在素质却是我们可以努力的；风华正茂的青春日子只有那么多，人人都有变老的时候，但是年轻的心态和纯真的性情却是我们可以去修炼的；和孩子的年龄差距不断扩大是我们每一位教师无法逃避的客观事实，但是职业经验的丰富、人生阅历的增长、专业水平的提升却也会让我们的教学智慧渐入佳境、教学艺术日臻成熟，让我们在教育教学领域如鱼得水、炉火纯青……

因此，不必太在意我们额头的皱纹，不必太担心我们鬓发飞霜。但是，我们不能不在意我们的心理年龄，不能不在意我们的人格魅力，不能不在意我们的内在修炼，当然，也不能不在意需要适当修饰我们的边幅。于是，我不禁想到了一个词——儒雅。是的，我们可以不漂亮、可以不潇洒、可以不年轻，但是，我们却不能不儒雅。

在我工作的苏州市有一所非常普通的小学，他们提出了一个很不普通的"三雅"办学目标——办高雅学校、做儒雅教师、育文雅学生。并且还轰轰烈烈地举行了一场教师论坛——"儒雅，我们的精神面相"。演讲者或亲切幽默或沉稳老练或侃侃而谈，风格不同，但都无不演绎着相同的认识：儒雅是一种由内而外的精神气质，儒雅是我们老师的精神面相。让我们一起努力做个儒雅的老师。

下面来听听老师们对儒雅的诠释吧：

——儒雅是指学识深湛，气度温文尔雅。只有学识深湛，才能真正做到气度温文尔雅。"腹有诗书气自华"，读书让你变得高雅、变得文雅，努力地读书、仔细地咀嚼品味，让你走向儒雅。儒雅的精神底色从读书开始。

——风度儒雅，不是装腔作势，故作高深；不是掉书袋，乱矫情。儒雅是骨子里的东西，真正儒雅的人，举手投足之间即彰显风度，无须刻意表现而为之。

——把对职业的崇敬和自信融入生命。对事业的自信和敬畏正是儒雅的思想源泉。把职业当成事业。教师就会因为其专业素养的醇厚散发出儒雅的芳香。

说得多好啊，儒雅，我们的精神面相，一种永不变老的容颜。以前我总是说，要当好教师，需要两种魅力：一种是教师的人格魅力，另一种是能挖掘和传达出学科知识的魅力。现在看来，仅有这两种魅力还不够，还需要一种保持精神容颜的魅力！精神容颜的魅力和人格魅力有联系，但并不完全是一回事。人格魅力，更多地侧重于亲和力、感染力，而精神容颜则更多地侧重于吸引力、凝聚力；人格魅力更多地着眼于熏陶，精神容颜则更多地着眼于欣赏；前者是养心的，后者是养眼的。我们也得顺应时代变化，为孩子"养脑"、"养心"之外，也得努力为他们增加点"养眼"的东西，也得努力提升自己的魅力指数。有了这样一副儒雅的精神容颜，你就能在学生面前永葆青春、自信满满，而不必担心受到孩子的冷落和慢待。

呵呵，当好这21世纪的中小学教师，还真的不容易啊！

一本毕业纪念册

办公室的同事马老师是一位很能干的班主任。高考之后短短的3天时间里，便"变戏法"似的发动同学编写了一本毕业纪念册。看到设计别致、印刷精美、装帧大方的纪念册，尤其是看到她们班级同学拿到纪念册时的如花笑靥，我仿佛也和她一起分享了这份教师独有的快乐和幸福。

先看班级才女冯同学写的"小序"——

夏日的雨，说下就下，才看见一阵风，雨点就啪啪打在窗上，很快就成了灰蒙蒙的一片，再分不出彼此。

雨点，就是迫不及待地融在一起，仿佛经历了长久的颠沛流离……

记住，我们曾在这光环之下共同度过了两年时光。

与光环共存的，是压力。

然而正是这种压力，让46个成长中的孩子迅速地融在了一起，即使不曾有过颠沛流离，我们依旧像是来自同一片云的雨滴，找寻到了同伴熟悉的气息，最终轻叹一声："啊，原来你也在这里。"

(2)班的故事就这样开始了……

不过我们不必去悼念那些逝去的时间，因为我们并不曾虚度，即使高考像个小太阳似的悬在那儿，放出万道金光，让生活中那些原本美丽的星辰都黯然失色，我们依旧敢向空中抛洒热情，让它们去接受阳光的洗礼，在天际化作一抹惊艳的虹。

…………

跨进(2)班只是一瞬间的事，而离开时，我们将要去面对一生的事。

轻松，优美，抒情，随性。这不是诗歌，却有着比诗歌更美好的意境。

青春原本是一首诗！读着这些文字，你会觉得在中学毕业这么一个美好而神圣的时刻，不让风华正茂的少男少女抒写一番如此这般的性情文字，那简直有违教育的真谛。

再看目录——

  一、书生意气，挥斥方遒

  二、我的地盘

  三、更上一层楼

  四、师恩难忘

  五、两会风云

  六、欲穷千里目

  七、GOODBYE MY LOVE

接着就是令人眼花缭乱的照片和风格各异的文字介绍了——

"书生意气，挥斥方遒"中：有班级形象代言人的"帅哥"相片以及文字说明；有同学们自己创作的"班歌"、"班徽"；有事无巨细、包罗万象的20条班级"军规"；有诚信考试宣言暨考试免监班申请书；有班级偶像——著名科学家同时也是校友冯端的事迹介绍；有记录平时点点滴滴的学习和生活照片，军训、晚会、运动会，五花八门，应有尽有。特别是那些别具一格的旁白，真的让你忍俊不禁。

  班长："我帅故我在。"

  拔河："力拔山兮气盖世！"

  辩论会："辩论还是吵架？"

  展示书法："不用说，王羲之没和你生在同一个时代，那是他命好。"

  美女："沉鱼落雁，闭月羞花，两个典故好像是从这儿出去的吧?"

实验:"动动手,检验真理去!"

男女生朗诵:"某某,看来我令你很失望!"

……

灿烂的笑容,淘气的动作,五花八门的题词,俯拾即是。由此,你可以想象这个班集体是如何地活力四射。

接下来是老师版块——

一行醒目的大标题:世界上最伟大的人,就是他们——我们敬爱的老师!

然后,一幅幅老师工作和生活照片边上,是别出心裁的老师语录集锦。意味深长、耐人寻味的,其实就是这些"老师语录"集锦!关于这些语录的记录和解读是另一篇文字的任务了,我这里只想说的是,这些语录,真的成为这本毕业纪念册最亮丽的一页。

从班主任工作的角度看,编写毕业纪念册这个举动非常有意义,甚至带有对三年班级工作的评价意义。我知道,不是每一位老师都有兴趣做这样的事,也不是每一个班级的同学都能把这样的事情做好的,在高考(或者中考)那样紧张的考试之后,或许我们都会忘记这样一件微不足道的事,或者会觉得做这样的事价值不大。其实不然!从同学的角度看,带着一本纪念册离开母校,走向新的学校或者社会,是一份美好的纪念自不待言;从班主任的角度看,也是巩固同学之间、师生之间、学生和母校之间情感的一大举措。感情是需要培养的。爱自己身边的人,才能更好地爱社会、爱事业、爱国家。从这个角度看,这件事也是班集体建设工作的一项题中应有之义。从班级同学投入这项工作的热情程度看，也可以从某个侧面检测出班集体的凝聚力和向心力，班集体越具有凝聚力、向心力，同学们越愿意、越有热情去做好这项工作。像本文评述的这本纪念册，只用短短的三天时间，而且全部由同学自己动手，其实是三年来这个班集体建设成效卓著的一个缩影。我曾经参加过这个班级的几次活动，每次活动都可以看出班级同学的良好素质。再说，班主任老师也得做个有心人，平时点点滴滴的活动资料，都得有人负责收集起来。要不然，三年的往事如烟散去，等到毕业时刻再去找，那可就很难了。因此，看起来是三天时间，其实是三年的积累。

至于纪念册编写对同学们的意义，我们还是来看看编者在"后记"中袒露的诚挚心声吧！

> 现在，编辑的工作接近尾声，除了对最终成书的期待，我们心中，若隐若现着一丝不舍。
>
> 风声呼呼，三年的时光急驰而过。也许有一天，我们在喧嚣中蓦然回首，穿过时空尘埃，将会于灯火阑珊处发现这么一块净土。那些风华正茂，那些年少轻狂。而当我们翻开这本同学录的那一刻，年少事，旧心情，定将扑面而来。
>
> 我们感谢。感谢老师，感谢母校，感谢同窗，感谢这三年的时光。轻轻挥袖，让我们与天边的云彩作别。
>
> 于是，我在此轻轻划线 / 过去和未来 / 就此分开
>
> 明天，我们再回首时，会感激这么一段曾经年少、曾经天真、曾经为理想而努力的时光。"昼夜成岁，诗酒趁年少"，曾经的欢乐会永远驻留心底，不曾虚度的青春年华会一直在人生道路上激励着我们。
>
> 落笔成诗。不是吗？

老师语录

在高三（2）班毕业纪念册上，有一个颇具创意的栏目：老师语录集锦。

一张工作照片，一张生活照片，每位老师有两张漂亮的照片。照片边上，配有数目不等的老师语录。

班主任：

一个女人不做母亲就不是真正的女人。

我就长话短说了。

某某某，快点坐好。

你们的马老师可是一块美玉啊（班主任的名字里有"瑾"字）。

数学老师Ⅰ：

你看这个二次函数图像，它很滑的，滑得不得了，数学家最喜欢的东西，每个点都可以求导数的。

要是把我上课讲的东西都融会贯通了，你们将来就可以成为数学家了。

为什么智商降低了？因为边上有漂亮的女孩，报纸上说的，不是我说的。

你们学完这个星期不等式，智商起码提高20点。

数学老师Ⅱ：

它太偶了，偶得都让你感动了。

不等式是非常脆弱的。

要把题目做精致了。

英语老师：

好，读得好，（2）班读书真的好听。

语文老师：

老师也不想考试啊，老师也不想默写啊！

大家说可不可以啊。

物理老师：

会而不对就是不会。

错误不可怕，可怕的是错误犯了三遍。

要是这个还错，不要说你是我教的。你所学到的任何东西都是你学会的，不是我教会的。

意味深长、耐人寻味的，其实就是这些"老师语录"集锦，它们颇具教育学意义和价值呢！

首先，这些语录进入了班级同学的记忆宝库，成为留在全班同学心中的"集体记忆"，它们在日常教学生活中的出现频率是很高的，应该都是达到了"口头禅"的水准。毫无疑问，老师们也必将随着这些"口头禅"的编入史册而广泛流传。等到哪一天，纪念册纸页泛黄、文字暗淡，画册上的少男少女鬓发飞霜，可是仍然会有人记得他们当年的老师、记得他们老师的那些经典"语录"。你说，这样的人生际遇有多少人能够享有？这样的职业幸福有多少人能够拥有？人生总是这样，拥有的不曾珍惜，没有的格外羡慕。作为这些"口头禅"主人的同道，我是深为拥有这样的一份职业而骄傲和自豪的。如果不能在这样被学生认可和"记忆"的事件中产生一种职业自豪感，那么，是不是可以说明我们缺少了一份职业敏感，我们的职业触角变得有些粗糙和鲁钝？

其次，仔细揣摩这些被学生铭记的"语录"，你或许会觉得啼笑皆非，你会不会有些沮丧或者失落？是啊，课内课外，我们说了那么多正确的优美的深刻的甚至冠冕堂皇的高昂豪迈的话，可是，他们记住的却仅仅只是这些既不够优美也不算深刻的"口头禅"！这些孩子的记忆，可太有选择性了。这个现象值得我们思考。你看给他们留下深刻印象的这些语言，基本共性就是"好玩"、"好笑"。也许正是因为这些"好玩"、"好笑"，才让同学对你产生了一种格外亲近的感觉，会觉得你的身上人情味更浓些，人格魅力更鲜明些。苏霍姆林斯基说："教育素养的这一重要特征的第一个标志，就是教师在讲课时能直接诉诸学生的理智和心灵。在拥有这一真正宝贵财富的教师那里，讲述教材就好比是向交谈的对方（学生）发表议论。教师不是宣讲真理，而是在跟少年和男女青年娓娓谈心：他提出问题，邀请大家一起来对这些问题进行思考。在分析这种课的时候，大家会感觉到：在教师跟学生之间建立了一种密切的交往关系。"正是这样一种基于心灵的谈心，而不是宣讲真理式的布道，才会让教师真正走进学生的心灵，从而成为他们的朋友或者自己人。教师走近学生的姿态，不应该是俯视的，而应该是平视的，甚至如一位颇有经验的老师所说，应该"蹲下你的身子"。让我们的语言"好玩"些、"好笑"些，就是我们"蹲下"身子、走近学生的一种表现。

再次，这些老师语录可不仅仅就是"好玩"、"好笑"，其中也有不少闪射着教育智慧和教育机智的光芒。例如数学老师说的"它太偶了，偶得都让你感动了"，"不等式是非常脆弱的"。这些语言就充满对学科本质或者规律的深刻洞悉，让学生过耳不忘，同时也有助于加深理解和领悟。这样的语录其实是教师在课堂上绽放的思维之花，可以给同学带来思想或者思维的享受。深刻之外，幽默也是教师语言容易成为"经典"的重要因素。我曾经在我校学生文学刊物《黎》上，读到学生记录的一位历史老师F的若干语录：

第二次工业革命后,科学和技术迅速地走到了一起,便迅速投入生产……那时候就算是没有马克思,也会有个范克思站出来的。(历史老师姓范)

(讲到太平天国运动,洪秀全印发小册子进行宣传)那个时候只可以发小册子,哪像现在,在网上动不动就来个"我顶"!

(讲到中国近代被侵略的战争史时)这些文字你们自己看书吧。(接着口中念念有词)太丢脸了……太丢脸了……,太丢脸了……

把"科学"和"技术"的结合说成是"走"到一起,并且借用"生产"一语双关,学生当然浮想联翩,会心一笑。老师姓范,把马克思和"范克思"连在一起,从修辞上说是拈连,也可以有效地活跃课堂气氛。用今天的"我顶"来比照洪秀全的宣传小册子,这些更多的是一种幽默。幽默是一种机智,是一种风度,也是一种居高临下、举重若轻的智慧。至于面对那页被欺侮凌辱的历史,教师干脆不讲,让学生自己看书,连说几个"太丢脸了",则不仅仅是幽默,还有教师渗透融注于教学内容中的强烈情感,那是更为重要而珍贵的教学资源,是教学的一种更高境界了。这样的老师,得到学生的拥戴是顺理成章之事,想让学生不喜欢都难!

当然,在学生口中流传的教师语录,并不都是"红色经典"。不标准的普通话,自相矛盾的逻辑漏洞,有失分寸的批评或者发火,一时失误的窘态或者失态……也都有可能悄悄走进你的"语录集锦",在民间、在口头、在弟子们的记忆中经久不息,盛传不衰。不过不要紧,能让学生们记住若干条"口头禅"的老师,一般来说,都是他们喜欢或者比较喜欢的有个性的老师。

这个世界上有很多行业，能纯粹因为工作的关系，让那么多人记住你，记住你的"口头禅"，记住你的音容笑貌、个性风采，可能唯有教师职业了。那么，我们还有什么理由不努力呢？

千年紫藤，一个教育寓言

校园里有一株千年紫藤。苍老遒劲的枝干，像一个饱经沧桑的老人；婆娑繁密的枝叶，浓荫蔽日。整个一座半个篮球场大的院子，紫藤是当然的主人，巍巍然占得满满，还把末梢伸向四周的古建筑上。多少年寒来暑又往、冬去春又来，紫藤兀自守着这座四合院，不说孤单，也不言寂寞，只默默地蓄积、积淀，养在深闺，然后在每年暮春四月，悄然绽放一树紫色，淡淡的清香溢满校园，醉了无数少年，以及不再是少年的人们……

岁月像流水一样，转眼，2007 年到了。这是一个特殊的年头。100 年前，古城第一所公办体制的新式学堂诞生了，校址就在千年紫藤所在的这个地方。100 年来，一茬茬学子从紫藤下走过，脚步匆匆，然后，若干年后，就会从远远近近传来捷报，著名的文学家、教育家、历史学家、版本目录学家、画家、科学院士、工程院士，一个个威名赫赫的名字，一串串彪炳史册的业绩。常常，在某个傍晚，或者早晨，会有鬓发斑白的老者，颤颤巍巍，走过斑驳的院墙，来到紫藤树下，指指点点，忆往昔峥嵘岁月稠。然后，依依离去……

也许，是"100 年"这个非常数字触发了人们的灵感；也许，是紫藤年年岁岁的从容淡定引发了人们的遐思；也许，是紫藤将近一千年的性灵修炼，让她到了横空出世的时候……总之，筹备百年校庆的日子里,有心的主校政的人们想起了这棵藏在深闺的紫藤,如同发现了一枚古老的文化化石。于是,千年紫藤一跃而为校庆的重要角色。

首先,是让她"走"出闺房。原来是一个封闭的四合院。现在,学校拆掉南面的几间房屋,腾出宽敞的空间,建一个敞亮的大门,门楣上请书法名家题着"紫龙藤"三个苍劲有力的大字。再为她搭建一个坚固的金属支架,代替原来摇摇欲坠的木质支架。接着,修葺院落,院子古色古香,和古老的紫藤相互映衬,相得益彰。课前午后,常有学生在这里流连,或在廊下的椅子上读书。

其次,是以紫藤命名的系列校庆活动。"紫藤诗会","紫藤歌会","紫藤(画家)雅集","紫藤悠悠"的校友征文,"紫藤论坛","紫藤剪插栽植"仪式,一时间,紫藤几乎成了学校百年校庆的品牌项目。甚至,也是从紫藤下走出去的当红明星校友,还独自创作了一首名为《紫藤花》的校园歌曲,经校庆晚会上由这位名明星校友亲自演唱后,一时间风靡整个校园。每天午后,或者黄昏,校园广播里就会响起那甜美的歌声:

  藤蔓摇曳着微笑
  风屏仿佛自别停靠
  她悬挂在阳光下闪耀
  那姿态蜿蜒得多美妙
  风雨飘打着草桥
  青春荡漾思绪飞绕
  她依然优雅吐露情调
  散发着像勇气的味道

  紫藤花垂钓在梦的转角

当我迷惘走进了荒郊
但梦想闪着泪光的期待
看见成长的荣耀
紫藤花深情把心事缠绕
当我明了回忆的美貌
让我用装满誓言的音调
唱出青春的记号

百年校庆结束后,以"紫藤"命名的校园文化活动却依然在校庆之后保留了下来。每年四月,在紫藤花开的日子里,这里会举行以"紫藤"为题材的诗歌朗诵会,会有书法绘画的"紫藤雅集";在暑假的日子里,会有学有所成的学长们来这里,对同学们谈谈人生,说说他们走过的路。令我特别惊讶的是,同样面对着一棵老树一树紫色,高中生们的想象力竟是如此丰富,如此神奇,如此多姿多彩。谁说如今的学生创造力匮乏,那是因为我们没有给他们提供机会。请看这群风华少年面对紫藤的深情吟唱:

满目的紫色像烟火般 / 流溢奔放 / 我为这青春之火 / 惊叹怅惘

——《紫藤》

时光褪去我们儿时的懵懂 / 离别挥手向我们渐渐走来 / 我看见紫色的繁星在天边飘动 / 芊芊的哀愁掩映在枝叶之间

——《紫藤吟》

你默默地站立在寂静的庭院/千年风霜没能抹去你的风华/你内心深藏绚烂的梦想/在耀眼的星空中/依旧熠熠生辉/风依旧/除了岁月/什么也没有留下/云飘过/除了你/一切都是背景

————《紫藤印象》

你斜倚着／在四月的阳光下眯眼／如此望过了千年的天空／花瓣翩飞／年华似梦／摩挲着你斑驳粗糙的躯体／我惊讶／震撼／十六年的阅历微不足道／自以为是年少轻狂／就这样落荒而逃

————《紫藤抒情》

苍劲的虬枝／彰显你从不言败的傲气／蜿蜒的枝蔓／流露你饱经风霜的容颜／你终于站立成一尊塑像／依旧无言／依旧无语／只为等待／等待／有一天，会以绚烂的姿态展现／那一刻／裙裾飞扬／那一刻／花开不败

————《那一刻，花开不败》

我想，即使别的一切都没有，只有这些诗行，这些在紫藤下澎湃的年轻的激情，也已经足够了。

在校园，还有一个神奇的传说。据这里的老教师说，有一个早就引起人们关注并且屡试不爽的现象——只要哪一年春天的紫藤花，开得特别旺盛，那一年的高考一定是十分地辉煌。人们可以扳着手指头跟你说，某一年，花开两季，于是，那一年的高考创造出从未有过的好成绩。我喜欢这个传说，因为这个传说与我这篇短文的主旨有关。与其说，紫藤有什么神奇的征兆或者什么功能的话，毋宁说，紫藤是校园文化的一种符号、一个代码、一脉文化信息。校园的文化氛围浓郁，文化气场强烈，素质教育活动开展得红红火火，那么校园里人才辈出，学校兴旺发达，那就是水到渠成的事。否则，学校里成天抓分的火药味十足，一片考考考分分分的肃杀气息到处弥漫，那么，必然欲速则不达、事倍功半，结果总是难如人意。

教育，也是一种生态。从这个意义上说，千年紫藤确实可以给我们带来诸多启发。不是每一座校园都有这么一棵饱经沧桑的树或者花，但

是，每所学校都可以而且应当挖掘出各具特色的校园文化符号，精心经营，悉心呵护，倾心建设，让它成为校园的文化标志，成为生长在师生心灵中的精神代码，甚至成为寄托、凝聚和积淀师生对母校情感的文化图腾。

让墙壁开口说话

"让校园的墙壁开口说话。"这是几乎每一位教育人都耳熟能详的经典名言，说的是要充分发挥校园环境的育人功能。然而，让校园墙壁说怎样的话，以及怎样说话，却是一个颇为讲究的问题。

这些感慨的产生绝非无端。

两年前在一所学校听课、评课。一面初三年级的教室墙壁，赫然张贴着大幅标语：拼搏一阵子，幸福一辈子！耽误一阵子，后悔一辈子！标语传达的信息明白无误，鼓劲的良好动机更是无可非议，但我看了以后，总觉得有些不是滋味。且不说眼前的"拼搏"未必真的能承担这么重的负荷，未来的幸福与否，变数实在太多，尤其是在多元、开放的现代社会；只说这么赤裸裸的功利宣传是否与我们的教育初衷相距甚远，甚至是南辕北辙？鼓励学生刻苦学习天经地义，但是鼓劲的方法应该有很多。当我们把眼前的每一节课、每一份作业都同未来的幸福如此紧密地"捆绑"在一起，我们的学习生活还有乐趣可言吗？学生主要是在学校生活成长，日复一日地这样"捆绑"，我们学生的童年还有快乐和金色吗？再说，这样的"捆绑"真的就管用吗？所以说这样的墙壁说的是"恐怖"的话。

在另一所新建的现代化校园墙壁上还见到过这样的标语："走近大

师！和大师对话！"应该说，这话说得很好，很响亮。"与君一席话，胜读十年书。"我们同学和教师的确应该多和专家、学者乃至大师对话。问题出在下面。在大师的横幅下面，排列着一些来学校作过讲座的人物画像和介绍，而这些"大师"也就是一些普通的专家、学者或者在小圈子里有些影响的所谓名师，有的干脆就是省里某某厅的某某处长。我想，出于礼貌或者调侃，当着面说说"大师"什么的倒也无可厚非，反正现在已经是一个什么都贬值的年代了。但堂而皇之地把他们的画像挂上墙壁，再冠以"大师"的美誉，就显得不够慎重和严肃了。大师首先是专家，但不是一般的专家，大师必须取得别人难以逾越的成就，必须开一代风气之先。把一般的专家说成大师，这样的结果，会不会让这些毕竟阅历不深的学生觉得这"大师"也没什么了不起，从而失去了对学术、真理以及货真价实的真正大师的一份敬畏？如果这样，那可就得不偿失了。我以为，在社会上，喧嚣、浮躁、炫奇乃至江湖气皆属难免的话，至少在校园，是不是应该多一点诚朴、多一份谦逊、多一份平实？博导就说是博导，教授就说是教授，作家就说是作家，这样实事求是地说，对客人也是一种尊重。其实，这里的墙壁说的是"掺水"的话。

当然，更多的还是说得非常精彩的话。

高一（20）班的墙报曾给我留下过深刻印象。班主任林老师的墙报栏里琳琅满目，全班同学的个性写真，每人一张，一个不少。相片下面缀以"我的格言"之类的五花八门的"语录"，个性飞扬而且魅力十足！不知是不是因为这份墙报的影响，高一（20）班的教室里总是充满一种温馨的氛围——亲切、友好、和谐。每次上课，孩子们总是活跃非常，课堂气氛十分融洽。这里的墙壁说的是"温馨"的话。

当然，在应试教育如火如荼的今天，班主任当然也要树立学习的榜样。在另一个班，班主任嵇老师在教室里搞了一个"班级之星"专栏——根据学习成绩、学习态度、综合表现等，由班级同学民主推荐"每月一星"。上星的同学可就真的成了"明星"，墙报内容有自我介绍、老师勉励、同学寄语、我的格言、兴趣爱好等。尤其是同学寄语，或热情鼓励，或真诚关心，或幽默诙谐……上星的同学会格外努力，没上星的同学会奋起直追。班级呈现出一种你追我赶、力争上游的热气腾腾的局面。这里的墙壁说的是"激励"的话。

也曾见过不少颇具个性、别具匠心的标语。其一，"今天，你努力了吗？"一个简单的疑问句，多少关怀、多少勉励、多少期待，就都包含其中了。对优生，是鞭策，是激励——你可不要骄傲、不要自满啊。对后进生，是鼓舞，是慰勉——别气馁，别灰心，你只要努力就有进步。其二，"高考，你好！"这是写在高三教室的。简洁，鲜明，醒目而且亲切、新鲜。其三，"和同学一起成长。"这是给教师看的。标语分明是向教师传达一种教育理念和情怀——请记住，我们和同学在人格上是平等的，我们是一起学习、一起进步的伙伴，可要尊重我们的伙伴啊。显然，这里的墙壁说的是富于"启示"的话。

可不可以说一些带有祈使、命令或强制性的话？当然可以，不仅可以，有时甚至必须。在我们学校的体育馆里，墙壁上刷着鲜红的大字标语：每天锻炼一小时，健康工作五十年，幸福生活一辈子！这样的强制和命令语气，显然会让孩子心里产生温暖和感动，油然产生在运动场上龙腾虎跃拼搏一番的激情和豪情。因为，这里的墙壁说的是"关心"的话。

其实，有时不"说话"也是一种态度。例如教室正面的墙壁上，现在一般都是什么也不写，一片洁白悠远，这也挺好，如同绘画中的"留白"，让人有回味的余地。因为即使是"温馨"、"激励"、"启示"、"关心"的话，说多了，也会让人生烦，如同又碰上了一位爱唠唠叨叨的老妈子。

洛克在《教育漫话》中说:"如果儿童的精神过于沮丧;如果他们因为管教太严,精神过于颓唐,他们便会失去他们的活力和勤奋。"学校的墙壁究竟应该说怎样的话?是不是可以概括出一些大致的标准,那就是温馨、激励、启发、关心。总之,多说让孩子们奋发向上的话、感到温暖亲切受到激励鼓舞的话,而少说或者不说令人沮丧的话、让人失望的话,更不要说那些虚假、恐吓、让他们颓唐的话。

就在写作这篇短文期间,我办公室对面的一面墙壁上,陆陆续续有孩子们在那里涂鸦——有老虎在放风筝,有小熊在做游戏,有树木,有花朵,红红绿绿,生机勃勃。连续几天的午饭后,都有孩子在那面墙壁上涂着抹着,和煦的阳光下,这些情景格外动人。毕竟,这样的情景不是在每个校园都可以看到的。透过宽大的玻璃窗,我可以感觉到他们的愉快和热情。我想,学校本就应该是如此丰富多彩、活力盎然的!

校园的落叶和蔓草

一个初冬的日子,我应邀去城郊的一所学校参加活动。因为第一次来这里,活动间隙时我自然要去校园走走。校园很大,也很美。教学区,楼房鳞次栉比,屋舍俨然,和所有新建学校校园一样,透着一种浓郁的现代气息。是的,这里是全国最富裕的地区之一,走进哪所学校,都是如此这般地气宇轩昂、堂皇富丽。

我径直向后边的运动区走去,顺便活动一下筋骨。嚄,好大的操场啊!足足有一般城里学校四个运动场那么大,这是城里的学校所没法比的。顺着长长的塑胶跑道,我尽情地走了几圈。一抬头,操场尽头,竟然还有一片园子,而且还是一片与众不同的园子。这个园子,足足有大半个足球场那么大。园子里有树、有草,却不像我们在校园常见到的那样,树修得整整齐齐,草剪得规规矩矩,如同一排排听话的小学生。几棵大树呈自然状态地分布在园子里,草则是汪洋恣肆,任性地、形态各异地挤占着各自的地盘。园子里有砖铺的弯弯曲曲的小路,却被蔓草遮盖得严严实实。我漫步在小路上,恍惚来到了乡村,一股浓郁的田野气息,令我十分亲切自然。是的,这片园子让我感觉到与众不同之处的,正是它的田野气息!

想起了惠特曼那首很有名的诗歌《有个天天向前走的孩子》:

有一个孩子每天向前走去/他看见最初的东西,他就变成那东西/那东西就变成了他的一部分/如果是早开的紫丁香/那么它就会变成这个孩子的一部分/如果是杂乱的野草,那么它也会变成这个孩子的一部分……

惠特曼的诗歌不是教育著作,但他用诗歌语言演绎出来的教育思想是有道理的。孩子们太容易受环境影响了,不止是紫丁香和野草,还有那些车辆码头渡口,那些村庄河流阴影光晕和雾霭,那些夕照帆船波涛浪峰,那些彩云霞带苍冥地平线海岸泥土的馥郁……这些都会变成那个孩子成长的一部分。而且,不同环境熏陶出来的孩子会是那么的不同。强调校园的环境优美整洁无疑是对的,因此这些年来,无论是城市还是乡村,学校校园环境总体上有了一个历史性的进步。一方面是资金投入的加大,另一方面是学校管理者对校园环境的重视。但是,面对太过整洁、太过雕琢或者太过现代气息的校园,我却会隐隐有一些不安。我们的学校,离自然和生活越来越远了!在孩子们越来越远离田野和自然的今天,在许多现代化气息过于浓厚的今日校园,是很需要一点落叶、野草的。

读者朋友可千万别嘲笑我是矫情或者诗意泛滥。教育常识告诉我们，学校，无论是乡村还是城市，都不应该脱离田野气息。田野气息，就是自然，朴素，平易，静谧，幽远，令人亲切，温暖，因为这里是年轻生命发育成长的地方，是生命起航的港湾和锚地，它和大自然应该有着天然的联系。如果说人猿揖别时，人类的童年期是与洪荒原野相伴而来的，那么在人类的历史记忆中，这种烙印已经打上了血脉深处而无法抹掉。所以，孩子天然地需要自然，学校有责任尽可能拉近学生和大自然之间的距离。崔卫平教授在回忆下乡插队生活时说过："那种感受对一个人的成长真的很重要。以前的感官都是封闭的，到了乡下以后会全部打开。所以，土地比书籍更能够改变一个人。"这当然是艺术家的语言，有些夸张的成分。但以我语文教学的经历和体验，的确早就发现，文言文的许多词义，调动乡村生活经验来理解要容易得多。我想，这大概与我们的文化原本就是农耕文化有关吧，我们的语言和文字最初可都是从土地里生长出来的。

　　现在，受时间限制，除了一年一度的春游、秋游之外，城市学校不可能经常把学生带到大自然中间。那么，在校园环境的布局上，是不是应该力求因地制宜地作些努力呢？我们的古人是很懂得这个道理的。中国古代的著名书院，往往都是选择在名山大川之间。湖南衡阳石鼓书院，位于湖南省衡阳市北石鼓山下，山峻峭耸拔，地势险要，湘水、蒸水、耒河交会而过，风景宜人，蔚为壮观。江西庐山白鹿洞书院，位于庐山五老峰南麓后屏山下，西有左翼，南有卓尔，三山环台，一水中流，无市井之喧，有泉石之胜。湖南长沙岳麓书院，位于湖南长沙南岳七十二峰最末一峰的岳麓山脚，抱黄洞下，寺庵林立，幽雅静僻。河南登封嵩阳书院，也是位于嵩山南麓，背靠峻极峰，面对双溪河。据说，外国的很多学校，干脆就选择建在远离都市的小镇，无非就是相中了小镇的田野气息。

今天的孩子们，是无福消受古代书院的那种来自大地深处的自然气息了。但是，作为学校的建设者们，仍然应当有亲近自然、返璞归真的情怀和眼界。例如，在规划校区的时候，如果条件允许，能不能优先考虑有山有水的环境，或者，把山头、小河直接纳入校区（如有的校园直接让山溪流进校园）？退一步想，能不能因地制宜，尽可能地让校园多一些绿色（如有的校园从建校之初，就刻意地保留一些自然湿地，让学生在校园就经常能看到芦苇和白鹭）？在运动区活动区，可否不必把树木、花草修剪得如同园林一样地整齐、标准，而让它们有一点天然的野趣和随意？在保持校园环境或者是办公区域大体整洁的前提下，可否允许校园小路上有一些落叶而让孩子们体会窸窸窣窣的感觉，而不是把落叶视作纸屑一样地不可容忍需要即时清扫？在落雪的日子里，可否在不影响安全的情况下，不要急急忙忙地清除主干道之外的积雪，而是让孩子们在课间午后，能打打雪仗，或者对着渐渐消融的雪痕，呆呆地端详上几回……其实，只要认同孩子才是校园真正的主人，只要把学生当做成长中的孩子，只要明白儿童都有好奇顽皮亲近自然的天性，那么，诸如此类的许多问题，都会有一个圆满的解答。看来，问题的关键还是主校政者思考问题的立足点，是孩子立场还是成人立场，是学生本位还是"官本位"，或者是由此演绎出来的面子本位、政绩本位？

本文初稿写出后不久，就在我为自己的观点是否合适而反复斟酌没有最后定稿之时，在我居住的这座城市即出台规定：在城市的几条干道上划出落叶观赏区，我上班的必经之路道前街即是其中之一。秋天的早晨，踏着一地厚厚而金黄的叶子，真是惬意极了。网上有一张名为"叶落之美"的照片被反复转载。那是在位于瑞士城市日内瓦市郊的伏尔泰城堡，一对来自马其顿的父女在落叶中玩耍。孩子睡在金黄的落叶上，松软的叶子几乎将孩子全部盖住，站在一旁的父亲则欣喜而陶醉……

我在想，什么是教育？有时，也许教育就是要回归常识。朴素些，自然些，简单些，反而离教育的本质会更近些。

校长，请晒晒你的"全家福"

曾在李镇西校长的个人博客上看过一幅照片，印象极深，至今难忘。

我们还是先来看看博主自己的介绍吧——

> 如果你现在走进我们学校，会看到在教学楼墙上有一张巨幅照片，上面全是我们学校老师的笑脸——不是那种为了照相而说"茄子"做出来的笑容，而是肆无忌惮的、无拘无束的、纵情的笑！有的笑弯了腰，有的捂着嘴笑，有的仰天长笑……这完全是在极为偶然的情况下拍摄的，没有一个人知道要照相。因为自然，所以动人，不，简直就是感染人。有老师表示遗憾："我在照片上找了很久很久，怎么没有看到李校长呢？"我很自豪地回答："虽然照片上没有我，但实际上我最幸福，因为老师们都是冲着我在笑！"因为这照片是我拍摄的。

看得出来，校长李镇西也是颇以这张学校"全家福"为自豪的。从教师职业幸福的角度去考量，这张照片可供我们诠释的意味很多。从根本上说，教师职业幸福取决于教师自己的职业修炼，我不赞成把教师职业幸福同校长简单"捆绑"的说法。但是，也必须承认，在目前"人治"色彩还普遍浓厚的现实背景下，一校之长的治校方略及其影响下的校园氛围，对于教师职业幸福指数还是有一定程度的关联的。我们常说，一位好校长就是一所好学校；那么，一位好校长自然可以提升一群教师的幸福指数。校长的办学理念、教育素养、管理思路、工作作风，尤其是对教师专业发展重视和引领的程度，都会对教师职业幸福产生一定程度的影响。因此，从某种意义上说，李镇西学校的这张"全家福"，也的确从一个侧面反映出了武侯实验学校教师职业幸福的高指数。可以毫不夸张地说，这也是我见过的最"幸福"的学校"全家福"。

那么，李镇西究竟有哪些成功秘诀呢？听李镇西的报告不只一次，私下交流也算有过几回，他的个人博客更是经常浏览，对李镇西应该说不算陌生了。李镇西是如何做校长的？还是看看他自己是怎样说的吧。在《随身带个小相机》一文中，李校长这样写道：

> 校早读课还没开始，但陈莉老师已经在辅导学生了，我赶紧拍下陈老师最美的身影；课间，我在教室过道看到熊德全老师正弯腰拣纸屑的背影，我赶紧拿出相机对着他"咔嚓"一声，他被闪光灯一惊，回头看到我，憨厚地笑了；走进办公室，看到李晓慧老师的座椅上垫着厚厚的被褥，原来是因为她的腰不好，特意把椅子垫厚一些，她有时候甚至只能半躺着批改作业，我怀着敬意把这张椅子照了下来；午休的时候，我看到远处的范景文老师放弃休息，在学校开放书吧找几个孩子谈心，我马上"偷拍"了一张照片；下午放学的时候，何敏老师下楼时，很自然地把路灯关了，我赶紧又照了一张……这些照片我都在教工大会上展示，让老师们互相感动，互相激励。

这些工作肯定不是李镇西当校长的全部，但管中窥豹，从中似乎可以发现他成功的秘密，那就是"用心"。"用心"当校长的人很多，李镇西的用心之处，是发现教师的"闪光点"，然后宣传放大，以此来和教师贴近心灵。这种工作思路其实和他做班主任的思路一致，做班主任他追求和学生的"贴心"，做校长他追求和教师的"贴心"。换句话说，李镇西没有把他的校长当做"官"来做，而是努力达到和全校教职工之间的一种心灵的和谐与默契。可以肯定的是，李镇西的校长工作很辛苦，因为他心里要装着全校的教师和学生。学校有同学参加全国舞蹈比赛获奖，身为人大代表的李镇西在外出参加视察的空隙，还特意赶回来为参赛选手、领队教师庆功，请她们吃火锅。体育组两位德高望重的老师过生日，他会带着同学一起去祝福两位老师，并且和同学一起呼喊："祝瞿老师今天生日快乐！""祝王老师生日快乐！"

实事求是地说，校长能不能和教师一起过生日并不重要，不应该苛求校长和每一位教师一起过生日，也不能要求每一位校长都用李镇西的方式去和老师过生日。事实上，李镇西更多的是上课、带班，关注教师的专业发展，如组织教师读书会交流读书心得等。但是难能可贵的是，身为校长的这一份真诚，其实不仅是做校长的真诚，也是做人的真诚。或许，就是这一份真诚，让李镇西赢得了教师们的尊重和爱戴，也为教师带来了快乐和幸福！曾记得，还在李镇西初当校长不久，就在自己的博客上发了《老师教我当校长》一帖，帖中说——

我从没有做过校长，因此没有经验。不过不要紧，每一位老师都可以教我做校长。我哪些地方做得好？哪些地方做得不好？还应该怎样改进？这里我公开征帖，请老师们写出帖子，帮助我。我愿意真诚地接受老师们的监督和批评，这样我会成为你们欢迎的校长。

真诚可以赢得真诚，心可以换来心。很快，该文引来几十位教师的跟帖——"希望李校长多听我们的课。""建议李校长关心老师们的身体。""看到这个帖就看到了一种力量,看到了可以预见的未来。看到了孩子们的希望。""你反复思考认为是对的,请一一坚定而执著地施行,比如制度、理念、人事。事实是你正在这样做。""对自己事业的淡定,对我们老师的信任,足以让我们感慨万千。愿我们在这样的工作学习环境下,走得更远,飞得更高……"

从老师们的跟帖中,也可以看出我们老师的需求更多地来自精神层面。是的,我们的老师是很可爱的,也是非常值得尊敬的。有人曾打过一个俏皮的比方:"中国的知识分子是塑料凉鞋,价廉而物美。"也许,我们还可以说,中小学教师又是中国知识分子群体中最为价廉而且物美的一群。他们的付出很多很多,而他们的要求却简之又简;但是,他们很在乎自己的事业,希望把自己的课上好,希望孩子们一天天进步,希望得到家长和社会的理解。亲爱的校长,面对如此朴素而真诚的教师,你想过要让他们脸上多一些微笑,想过让他们笑得更开心点吗?你想过有那么一天,也晒晒属于你的那份学校"全家福"吗?

第三辑

职业幸福从创造开始

如果追问：教育究竟是科学，还是艺术？哪里是科学，哪里是艺术，哪里既是科学又是艺术？这怕永远是个难解之谜。

教育的对象是人。人有多么复杂，教育就有多么复杂，教育规律就有多么复杂，因此，教育成为一门复杂的科学和深奥的艺术；教师职业的秘密，也成为一道难以破解的方程式。这不是教育的卑微，恰是教育的崇高；这不是教育的无奈，恰是教育的荣光。

教育，在创造中走向秩序、流畅与和谐；教师，在创造中体验成功、愉快和美。

有一种美，叫教育

这个题目不是我的创造。这是一本书的名字，它的作者是陈建翔博士，他是北京师范大学教育学院的一位教授。

我喜欢这个命题。为了这份喜欢，我认真地拜读了这本著作，还在书的空白处圈圈点点，其后敷陈成一篇书评发表在《中国教育报》上；还是为了这份喜欢，我专程去北京师范大学教育学院做了半年访问学者。当然，导师就是陈博士。刚一见面，他说："你的年龄好像比我要大一点？"我说："吾师道也，夫庸知其年之先后生于吾乎？"言讫，相视而笑。

其实，这个命题也是我多年思考的对象和追寻的一个目标。教育，从来就与荣华富贵无缘；教师，从来就是与艰辛和困难相伴的一个行当。可是，古今中外，仍然有着一群又一群人执著于此，孜孜矻矻，不离不弃，焚膏继晷，不厌不倦。这到底是为什么？他们又是在追寻着什么？养家糊口，这样说固然没错儿，但应该只是一种皮相之说，无疑矮化了他们工作的意义和心底的情结；薪火相传，这样说肯定也没错儿，但应该只是一种客观的效果和评价，未必是对他们职业秘密的合理揭橥和中肯诠释。也许，平平淡淡的教学生活中自有一种特别的乐趣萦绕心怀，让你欲罢不能。

孔子说："道不行，乘桴浮于海。"那"海"是什么？我们看到的未必就是地理学意义上的"海外"或者"海上"，合理的解释可能只是一个比喻，真正能够安放那颗躁动着的心魂之处，只是泰山脚下大树参天浓荫蔽日的一方"杏坛"，从此，一箪食，一瓢饮，在陋巷。人不堪其忧,回也不改其乐……从此,在深山,在江畔,在渔乡,在远离庙堂的神州处处,"杏坛"薪火不灭。孟子说,人生有三乐,其中一乐便是:"得天下英才而教之",是不是天下英才姑且不论,对于教书育人之乐趣是说到极处了。

于是,不禁想问:教育,到底是什么?教师,究竟意味着什么?为什么那三尺讲坛两支粉笔一方黑板,就可以让那些本来热血沸腾、气冲斗牛的心归于平静,而且兴味盎然、乐此不疲?由此衍生出来的问题还有,教育怎样才能富有智慧和魅力,成为孟子所说的人生三乐之一?面对繁重琐碎的教育教学劳动,教师怎样克服职业倦怠?怎样在工作中创造和体验成功快乐?教师应该怎样让学生在教育生活中健康成长、享受幸福?这林林总总的问题,相信行走在教育旅途中的人,都无法绕过。不同的只是:有的人悟出了道道,于是,教育之旅变得比较轻松而愉快;有的人悟得不够明白,于是,免不了一襟风雨。

还是得从教育的特殊性说起。教育是一种非常特殊的实践活动,其特殊性就在于,它的对象是学生,是活生生的人。这个对象既有作为对象的一般特点,更具有作为教育主体的本质需要。教育的目的,是要实现人的全面发展,即造福社会,也造福学生本人。为了达到这个目的,教育必须按照学生特有的成长规律来施行。教育的工作对象是人,教育的工作目标是人的成长和人的幸福,教育的工作内容是以智慧培育智慧,以心灵滋养心灵。这就要求教育必须按照人的成长规律,一切服务于人的成长,一切服从于人的发展,一切着眼于人的未来。因此,理解教育本质的关键在于,确立人在教育工作中的崇高地位。教育应该是一项充满智慧同时也是培育学生智慧的工作,教育应该是一项为学生幸福人生奠基同时教师也能从中体会到职业幸福的工作,教育应该让学生经常感受到学习之美同时教师也能体验到劳动之美的工作。

是否认同这种观点,对于教育会表现出完全不同的态度。认同这种观点，就会在教育活动的各个环节，探寻规律、摸索规律、遵循规律，致力于人的和谐发展和健康成长，使教育成为一种洋溢着郁勃的生命意识和创造意识的美的活动；否认这种观点，就容易见物不见人，机械、片面、割裂地理解教育，把教学仅仅当做知识的传递，把教育仅仅理解为升学的数字，把教师职业仅仅视为谋生的饭碗，就会让技术代替了艺术、制造代替了创造、焦虑代替了快乐。在这样的教育中，学生不愿意学习，把学习当成苦事和沉重的负担，或者道德不健全、情感冷漠、思维迟钝……德育、智育、体育、美育和劳动教育被截然分割开来，进行着非此即彼的片面化训练，并把全部教育统一于知识的传授上。这样，使人的精神生活被局限在"上课、掌握知识、评分"这一狭窄的领域，把人这个整体分割成了局部和片段，被强化的部分只感到过度压迫的痛苦，未被强化的部分则在沉睡中泯灭固有天赋。学生无法全面地表现自己，也就谈不上全面和谐地发展。

教育的长河流到今天，泛起背离教育本质的残渣败叶，那是因为在新的历史条件下，有人忘记了教育精神，偏离了教育轨道。当然，原因是多方面的。根本原因在于教育管理体制，这一点毋庸置疑。但是教育改革和社会改革乃至政治体制改革血脉相连，牵一发而动全身，绝非三言两语所能说清的，也绝非仅凭一时意气便能奏效的。如果撇开管理体制这些社会性、体制性因素，仅从教育教学自身来看，多年来，教育学研究领域似乎有一个重大的空白——教育之美。专家学者研究得不够，广大管理者和一线教师也就难免缺少接触教育美的理性认识。一方面，是体制性障碍带来的"硬伤"，另一方面是理论匮乏形成的"软肋"。在这样的环境中，我们的教育可以说难免伤痕累累、积弊重重，学生、教师、学校管理者都被一只无形的大手操纵着，生活在背离教育精神和缺乏教育幸福的困窘之中。

如何拯救？出路在哪？在教育体制性障碍一时无法撼动或者说只能

是一个渐进改革过程的历史背景下，教育之美至少可以是教育"救赎"的路径之一。如果真的在日常教育生活中发现了教育之美，那么，由此出发再往前走，走向对教育的热爱和眷恋，走向对教育的忠诚和信仰，就是水到渠成之事了。发现教育之美，不是要拉大旗作虎皮，在一片废墟和荒芜中构建新的学科大厦，而是要从前辈先贤的教育智慧和思想出发，回归教育原点，遵循教育规律，让教育更加符合人性、更加符合人的生长和发展规律。教育之美不是要在美学枝头缤纷着花，而只是要在教育的沃土上生长出丰硕的果实。因此，可以说，对教师职业幸福秘密的寻找，也是发现教育之美的一个路径。于是，我们走近先贤的教育经典，走近名师的教育经验，走近同仁的教育智慧，反思自己磕磕碰碰的教育经历……"不识庐山真面目，只缘身在此山中。"原来，教师的职业幸福可以离我们很近很近；教育，原本可以如此朴素而美好！

那一枚优雅迷人的贝壳

　　什么是教育之美？三言两语说不清楚。简单地说，就是让教育更加符合教育规律，符合人的生命成长和发展的规律。教育之美，可以说就是教育规律之美，就是生命健康成长、和谐发展的成人之美。

　　为什么要探寻教育之美？这是一个必须说清楚的问题。不是要为贫弱的教育披一件华美的外衣；不是要抒发些书斋式的苍白情怀，那样的词句已经被人们言说太多；也不是要借一个概念、找一个口号，在已经喧嚣闹腾的教育舞台上再弄出点什么响动。教育之美，其实是对教育规律的寻找，是对教育本原的探究，是对什么是真正的教育、什么是教育的真谛、怎样进行真教育的探询和追问。

想起了一句非常经典的话："人类可以看出一粒贝壳的美丽，但是栖息在贝壳里的生命并没有意识到这一点。贝壳形成这样的形状是为了给壳内的生命提供最佳生存环境。它的'美'绝对是与功能相伴而成……"似乎再也找不到比这个比喻更能恰切说明教育之美的话了。教育之美就是那枚优雅迷人的贝壳。它的真正意义和价值，不在外表，尽管它的外表也是那么的优美，是一件无可争议的天然艺术精品，但是贝壳的真正价值在于，给壳内的生命提供一个最佳的生长环境。教育之美所追求的，就是让一个个生命个体具有成长和发展的最佳空间和最优环境。

翻开中外教育史，你会发现，自从人类有教育活动以来，人们就一直致力于寻求教育的真谛和价值，致力于寻求什么是好的教育，这种寻求其实也可以说就是对教育之美的寻求。两千多年前的那个暮春时节，当一群春服既成的少年学子，簇拥着那位循循善诱、诲人不倦的蔼然长者，从沂水边踏青归来，你一言我一语，各言其志，其乐融融，写就了教育之美的初始乐章。这一出手，就是一个经典，成了多少杏坛后来人仰慕不已的表率，却也标识了一个难以逾越的历史高度。不是因为教育没有进步，教育从来就是社会最敏感的神经区：社会进步，教育随之进步；社会停滞，教育也随之保守。和一部气势磅礴的社会进化史如影相随的，是风云激荡的教育变革史；而变革的永恒主题便是，如何让教育的"贝壳"变得更美，让壳内的生命更好地生长。这么说，一点也不显出教育的卑微。教育，不是社会的侍女；但是，教育无法超越时代。

近百年来，我们的时代被史学家称为"三千年未有之大变局"，教育之大变革也如约而至，而且腾挪跌宕、气象万千。废除科举、兴办学堂，是教育从传统走向现代的第一大变，人的地位在教育中空前凸显，民国初年的教育培育出了一大批20世纪的栋梁之材。改革开放以来，中国的现代化进入了一个新的历史阶段，挣脱极"左"思潮的精神枷锁，为了人的和谐发展再一次成了教育变革的主旋律，使我们有可能以更加开放的视野和更加从容的心态，静下心来细数教育，着力于教育这一枚"贝壳"的精心构筑与打磨。历史的进步总是艰难而曲折，教育也是如此。恰恰在社会主义现代化转型这一宏大历史进程中，种种打着"现代"旗号却违背教育规律、违背人的成长规律的教育"异化"现象也如蔓草般疯长。教育面临着从未有过的发展机遇，同时也面临着从未有过的阵痛与挑战。于是，教育要回归本原，返璞归真又成了有识之士的呐喊。

教育的本原在哪里？教育来自哪里，又将要走向何处？一次次上下求索的结果是——理想的教育，必须着眼于人，着眼于人的全面发展。教育，就是要为那些莘莘学子建造一个有利于其健康成长并且十分优美的"贝壳"！不是为了片面地追求形式去炫人耳目。优美的形式之所以美，是因为它有适合于生命健康成长的功能。教育之美也是这样。

也许，我们不需要引经据典地论述教育的本质是什么。但是，我们必须清楚，我们的学校对孩子意味着什么——是每天带着向往和期待走进校园、怀着微笑和愉快离开学校，还是惴惴不安而来、满腹惆怅而去？也许，我们不一定需要从学理上明白学科的知识价值（真）和审美价值（美）之间血脉相连的逻辑关系，但是，我们必须清楚，我们的课堂对一双双渴求的眼睛意味着什么——是随着我们的导引，走向一个个未知的神秘世界，畅饮知识琼浆的同时，也充分感受知识之美和学科魅力，还是像一头蒙着眼睛的驴，盲目被动地跟着你，机械单调地转着那无休止的一个个圆？还有我们自己，当我们从风华正茂一直到两鬓斑白，周而复始、年复一年地与粉笔、教鞭相伴，不同教育观的人劳动体验和感受其实是不一样的。我们对教育的理解和认识，影响着我们劳动的态度，也制约着我们劳动的情绪，决定着我们的职业是否幸福，是快乐地工作着，还是痛苦地累着。如此看来，我们其实也在建造着我们自己的生命之"壳",或者说,我们和学生同"壳"。当教育这枚外壳适合学生时,也必定适合我们教师;当学生卡在"壳"内不舒服乃至不幸福时,教师工作也绝无职业幸福可言。

当然,实事求是地说,教育之"壳"是否优美,体制和环境的制约作用是显然的。但是,同样无可否认的是,教育工作的特点赋予教师个体一定的自主性和能动性,局长之于一个地区,校长之于一所学校,班主任之于一个班级,教师之于一个课堂,可供拓展的活动空间还是比较大的。换句话说,我们不可能决定这枚贝壳的全貌,但我们有可能在各自的工作范围内,让这枚贝壳在不同程度上优美一些。比如还是有这么一所学校,利用元旦假期,把高三学生拉到郊外登山,寻宝,猜谜,班级PK,师生们既锻炼了身体,又放松了身心,返程一路欢歌笑语。至少在此时此刻,教育之"壳"优雅迷人了一回。

其实,在琐碎而具体的教育生活中,只要我们用心去创造、去发现,教育之美就在我们身边!

还有谁动了我们职业幸福的奶酪

我知道,套用"谁动了我的奶酪"这个题目,有点俗。但是,我真的还没有找到一个让我更满意的题目。因为,我无法抗拒把"教师幸福"比作又香又甜的"奶酪"的巨大诱惑。

如果我问"是谁动了教师职业幸福的奶酪"?大家会异口同声、众口一词——是教育体制。一个众所周知的事实是,违背教育规律甚至是反教育的现象比比皆是,不从管理体制着眼,我们无法解释这狼烟四起、触目惊心的中国教育现象。但是,这不是三言两语能说得清的事。

在此我想说的是，除体制因素之外，还有谁（如我们自己），是不是也"动"了我们职业幸福的"奶酪"？

曾经认识这么一位同事。其敬业精神、工作态度、教学业绩堪称表率，领导、同事、家长有口皆碑。然而，闲聊中发现，她却对自己的这份职业"怨"得要命。不是怕苦，也不是嫌累，就是觉得没"劲"，完全是凭着一份强烈的责任年复一年地"扛"着。也曾见过这样的同行——把上课当做享受，下课时常常哼着歌曲快快活活地走回办公室，如果哪节课上得不开心，就会闷闷不乐地坐在办公桌前发呆，一副怅然若失的样子。还有一位老师，生病几个月不见学生，重新上课时师生之间亲切得像是久别重逢的战友……为什么同样是教育劳动，有的从中得到无法言喻的幸福，有的却视之为"苦役"？我觉得这与教育劳动的创造性有关。教学过程不仅是一个知识建构的过程，也是一个创造和审美的过程。教师在教学创造过程中作为教育劳动的主体，自身也应该具有丰富的审美体验。而且，是否获得这种审美体验，关系到教师的劳动质量，也关系到教师的职业幸福。从教师劳动的性质看，因为这种劳动是合目的、合规律的，而且是自由的、富有创造性的。由于教育对象的千差万别，由于教育内容的丰富多彩，同时，也由于教师主观禀赋的各不相同，教师的劳动不可能有千篇一律的模式，而只能由教师去自由创造。在这艺术创造的过程中，教师的创造性得到充分发挥，教师劳动的愉快体验，便在这创造过程中产生了。教师"掌握有一种神奇的力量，他们能唤醒自己，也唤醒他们接触的人……他们能成为艺术家，人类关系的艺术家，成为人的问题这个艰难领域中的美的创造者。"（克莱德·E·柯伦：《教学的美学》）

在创造性教学劳动中，教师应该而且也能够获得审美满足。能否获得这种审美满足以及这种审美满足的程度如何，也是衡量教师工作成败的一个重要尺度。教师职业幸福的秘密，是不是应该与此有关？

如同作家、艺术家、科学家在其劳动过程中能够获得创造喜悦和审美满足一样，教师的劳动也是如此。当师生合作创造出成功的教学情境时，教师心中那种淡淡的却也是难以言说的愉悦是他人难以体会的。不少朋友都会发现，常常有教师上完一节成功的课时，脸上会挂着满足的微笑，呈现比平时生动许多的表情。这便是审美体验带来的满足。艺术创造学认为，当创造主体"把自己的印象和感觉抓住而且表现出来时，心中都有一种光辉焕发"。无疑，当教师的教学获得成功时，心中是会焕发出"光辉"的。

遗憾的是，我们的教育学极大地忽视了对教育劳动愉快体验的研究，怎样让更多的课堂成为教师获得成功体验的课堂？已有的教育文献还给不出多少令人信服的答案。我们的文化传统也习惯于从道德层面、效率层面去评价人们的行为，而很少从人作为劳动主体的体验层面去考量教师的劳动。事实上，教师劳动的愉快体验不仅可以激发教师的劳动热情，可以使他们的劳动充满快乐，品尝劳动乐趣，减轻职业倦怠，而不会像劳役那样痛苦；而且，教师劳动的愉快体验还可以活跃课堂气氛，刺激学生的学习动机。情绪具有互感性。只有教学成功时，教师才会产生愉悦情绪；而在这样的课堂上，不用说，学生的学习情绪也是快乐的，学习效果必然是好的。当教师的内心深处充满创造或欣赏的愉悦时，体现出来的气氛是最好的教学气氛。正是在这样的气氛中，师生的教学合作才最容易成功。教师的积极情绪使学生如沐春风，而教师的消极情绪则势必窒息课堂生机，影响学生智力活动，导致教学的失败。

曾经听过一位香港教育学者的讲座，他说，教育究竟是一门科学还是一门艺术，一直是一个纠缠不清的问题。这不是教育的卑微，恰恰是教育的高贵；这不是教育的羞耻，恰恰是教育的光荣！因为，教育从事的是人的工作，是世界上最复杂的关于人的成长发展的一门科学或者艺术。也许，任何一本教科书都不可能给我们带来灵丹妙药，教师职业幸福的秘密,是一把由多个钥匙共同管理的锁,其中最重要的那把钥匙,就掌握在我们自己手中。

那一支教鞭的美丽和神奇

读过魏巍的《我的老师》的人,都很难忘记作者小学时候的女老师蔡老师。她写字的时候,孩子们会默默地看着她,连她握笔的姿势都急于模仿。每逢放假的时候,孩子们都不愿意离开她,默默地站在她的身边,看她收拾这样那样东西的情景,表现出一种强烈的依恋。而到了暑假,对于一个喜欢她的老师的孩子来说,又是多么漫长!

蔡老师何以如此令孩子们依恋?这当然得从蔡老师高尚的人格魅力和杰出的教学魅力中寻找原因。而如果为这两种魅力寻找一个象征性的代表形象,也许,作者笔下的这个特写镜头就颇为恰当——

> 她从来不打骂我们。仅仅有一次,她的教鞭好像要落下来,我用石板一迎,教鞭轻轻地敲在石板边上,大伙笑了,她也笑了。我用儿童的狡猾的眼光察觉,她爱我们,并没有真正要打的意思。孩子们是多么善于观察这一点啊!

蔡老师的教鞭何以如此神奇而富有魅力?一支教鞭在手的蔡老师何以如此格外美丽而优雅?其实,秘密就是蔡老师的教学机智。乌申斯基在《人民教育的对象》一文中是这样论述教育机智的重要意义的:"不论教育者怎样地研究了教育学理论,如果他没有教育机智,他就不可能成为一个优良的教育实践者。"教师面对的是一群活生生的生命个体,他们个性不同，气质各异，对知识的理解和接受各有差异，心理也处在不断变化之中，这就决定了教师在教育教学过程中随时都可能遇到事前难以预料、必须特殊对待的问题，教师要迅速作出反应，采取恰当的措施给以解决。这就是人们常说的教育机智。例如，在课堂上有时学生会突然提出与教学内容无关的问题，或者思考问题的方向南辕北辙，或者对教师的要求拒不执行，学生之间也会因一些与学习有关或无关的问题而争执不休，这就要求教师能冷静、沉着地予以处理、机智灵活地加以引导。此时，教师冷静沉着的态度、巧妙地化险为夷的方法以及对学生的真诚的态度，都可以转化为一种灵魂的感化力量渗入学生的心田。以蔡老师和魏巍的故事为例，蔡老师的教鞭为什么要落在"我"的头上？作者没说，但一定是"我"在课堂上出了点什么状况。此时的蔡老师如果急风暴雨地训斥一番，言辞激烈地把"我"训服，那当然不是教育机智；如果蔡老师的教鞭真的落在了"我"的头上，那同样也不能算是教育机智，显然太生硬粗暴了一些，而且容易转移大家的注意力。蔡老师的机智之处就在于，既及时而有效地提醒了"我"，唤起"我"的课堂注意力，同时又巧妙而富有智慧，用了一个用教鞭敲"我"的假动作，体现了对"我"的真诚的关爱。好一个让"我"心服而且心动的假动作！假动作，传达出了蔡老师丰富的教育艺术和智慧。

　　批评需要教育机智，其实表扬也同样如此。曾在博客上读过一位优秀青年语文教师的故事。有一次，这位老师请一位女同学上黑板写出现代文阅读题的答案，女同学的字写得工工整整，答案简捷清晰，切中肯綮。老师在评讲的时候，心情非常愉快，对女同学进行了一番表扬，那位女同学似乎有点不好意思，羞红了脸。于是，这位老师脱口而出："同学们，你们有没有注意到，我们班的叶画冉非常漂亮，真的，不是漂亮，是非常漂亮。"同学们忍不住哄堂大笑，说："老师啊，你才发现啊。"叶画冉更加害羞了……老师笑着说："看来，你们还不是那么笨。"那节课一晃就过去了，可这位女同学的成绩却越来越好，当年考上了一所理想的大学。其实，这位老师运用的也是一种教育机智。表扬人的方式有很多种，可以表扬她的书写认真、一丝不苟；可以表扬她的回答内容严谨、妥帖；可以表扬她的用语准确、凝练等。但在高三硝烟弥漫的课堂上，一个男教师真诚地赞叹一个女学生的美，的确可算是神来之笔，让大家精神为之一振，既活跃了课堂气氛，又激发出拼搏热情，鼓励了先进，更重要的，可能还是由衷地流露出教师对这位平时很可能不显山不露水同学的欣赏，这种欣赏不仅一定会转化为该生奋发上进的动力，而且也顿时拉近了老师和全班同学的情感距离，成为同学们永远难忘的美好记忆。正如这位老师写的那样："不虚伪，不矫饰，不做作，不为什么，就为美本身。如果教育让我们忽略了美，这样的教育还有什么意义呢？"

当然，教育机智更多的还是体现在解决学习的具体问题上。切中肯綮的发问，恰到好处的点拨，举一反三的思路，柳暗花明的释疑……教学过程中诸如此类的教学艺术创造，不仅可以使学生对知识问题茅塞顿开、醍醐灌顶，同时也能产生一种情感上的极大满足，产生一种难以言喻的美感体验。这样的例子在优秀教师的成功案例中，只要细心体会，可以找到许多。正如一位美国著名教育学者帕克·J·帕尔默（Parker J. Palmer）所说："我是用心的教师。有时在教室里我忍不住欢喜。真的，当我和我的学生发现可探索的未知领域，当我们面前展现曲径通幽、柳暗花明的一幕，当我们体验被心灵的生命启迪所照亮，那时，教学真是我所知的天下最美好的工作。"我想，这样的美好时刻正是教育机智翩然来临的时刻。

教育机智为什么能产生如此巨大的审美效果？因为这种机智体现了教师为了处理某个问题时高度的理智感、责任感、道德感以及智慧，而学生不仅顺利地克服了知识上的学习障碍，产生成功体验，也会从中感受到来自教师的智慧、温暖和关爱，进而在心中漾起一种愉悦的情感。因此，教育机智之美是一种智慧之美，也是一种情感之美。教育机智与"小聪明"无缘，它需要的是丰富的教学经验，敏锐的观察力以及对学生的高度的责任感、真挚的爱。蔡芸芝老师那支停留在半空中的教鞭，看似信手一挥偶然得之，其实功夫在课外，那是教育素养长期积淀的结果。所以，教育机智，不是一种简单的教学技艺，而是一种素养、一种修为、一种历练、一种境界。也许，这就是一支小小的教鞭，在优秀教师的手中常常划出一缕缕优美弧线的秘密！

课堂是教师的一亩三分地

课堂是教学的主阵地，这话已经耳熟能详。但说这话的语境是，强调提高教育教学质量的关键在于课堂，而不是其他（如课外辅导加班加点等）。我想说的是，从教师职业素养和劳动体验的角度看，课堂也是教师最为重要的一亩三分地。如同农人，种好这块责任地，虽不一定能保证发家致富、臻于小康，但庶几乎能做到衣食无忧、从容行走于教育旅途。相反，如果课堂站立的姿势不稳，纵使你有回天之力，教师这碗饭也很难吃得好，更别提教师的职业幸福了。

要站稳讲台，首先要有过硬的专业基础，这是业务基本功。例如，语文教师的阅读和写作能力，数理化老师的解题能力，音体美老师的专业技能等。除此之外，还有一种叫做教学素养的东西，也如影相随影响着你的课堂、影响着你的教学，不仅影响效果，也影响你的教学魅力。效果和魅力之间有联系，但也有区别。教学效果不好，自然谈不上教学魅力；教学效果不错，也未必就很有教学魅力。如果教师的教学魅力十足，那么就别愁你的教学效果了，那是水到渠成的事。认识一位教理科的老师，个人的解题能力在同行中是绝对的佼佼者，反应极快，思路也特别活跃，却常常为教学效果不佳而苦恼，有时学生也对他表示不满。后来这位老师谦虚地走近学生，征求同学对他上课的看法。原来，问题出在教学素养方面。例如说话随便，分寸把握失当；对学生不够尊重，常常批评学生笨；解题速度太快，跳跃性太大，不注意学生的情绪反应等。后来，这位老师注意调整自己，扬长避短，适应学生，很快成为一名受学生欢迎的优秀教师。

教学素养的概念十分宽泛，或者说，构成教师教学魅力的因素很难确定就是哪几点。按照作用于学生视觉和听觉的区别，教师外在形象的因素主要包括仪表美、教态美、语言美和节奏美。一般来说，教师的仪表应该端庄、大方；教态应该自然、雍容、庄重、恬静，举手投足都要恰到好处；语言要注意启发性、教育性、科学性和直观性，节奏要鲜明。从审美的角度看，形式是为内容服务的。形式美只有在表现适当的内容时，才能显示自己积极的、能动的作用。这就要求形式必须为内容服务。在这个前提下，形式也具有独特的审美价值。

以教学过程中的语言为例。语言是教师对学生发生影响最大的工具之一。教学效果如何，在很大程度上取决于教师的语言表达能力；同时，语言艺术也可以激发学生丰富的美感。听觉是人的高级的审美感觉之一。教师的语言首先要准确、明晰，这样才能达到教学目的。同时，在语调上要谦逊温和、抑扬顿挫；在速度上要缓急有致、张弛有度；在风格上要刚柔相济，或庄或谐，或侃侃而谈，如唠家常，或一唱三叹，余音袅袅……如果这些语言形式和内容形成一个有机的整体，那么，这语言激发起的美感使学生或如坐春风，流连诗境；或浮想联翩，或低首心折……出现如高尔基所说的"语言的真正的美"，表现出"感人的力量"。在这美的氛围中，不仅给学生以美的熏陶，而且知识也是很容易渗进主体心田的。需要强调的是，语言的魅力只能来自诚实的心灵。教师只有对学生怀着深切的爱，像别林斯基所说的让语言"充满爱情"，才能产生巨大的魅力。

再如教学节奏问题。从教师讲的角度说，45分钟的课堂平铺直叙不可取，也不能是"连珠炮"式的紧锣密鼓。前者容易乏味，后者容易疲劳，听课效率都不是最佳。从学生活动的角度看，没有学生的活动，教师唱"独角戏"不好，让学生"满堂动"也不行。前者气氛太单调沉闷，后者也容易流于松散。应该有张有弛、有密有疏、有铺垫有照应，这都是形式方面的讲究。形式的价值是必要的。当然，更重要的还是内容。何处该张，何处该弛；哪里应密，哪里应疏，都是属于内容方面的问题，需要教师认真构思和推敲。总之，例如书画，应该是浓墨重彩之处；音乐，应该是旋律繁密之处。而这样的高潮，在课堂上又不宜过多。在此之前，还应有必要的铺垫，必要的"前奏"使教学高潮的到来水到渠成。否则，会出现教师在台上"干使劲"，甚至"干着急"，而学生就是"启而不发"。用一位颇有经验的老师的话说就是："你要和他互动，他就是不想和你互动。"

更为重要的是教师的人格，它具体体现在对知识、对事业、对日常生活的态度上。对知识要有严谨的学风、一丝不苟的态度；对事业要有执著追求、顽强进取的精神；对学生要亲切和蔼、作风民主、平等对话等。教师的人格也体现在对教学内容的道德评价上，对真、善、美的由衷景仰，对假、丑、恶的愤怒鞭笞，都可以折射出人格之美的光辉，给学生以强烈的感染。于漪老师在教《最后一次的讲演》时，先介绍闻一多的《红烛》序诗——"请将你的脂膏，不息地流向人间，培出慰籍的花儿，结成快乐的果子。"接着又出示《闻一多传》，将该书的图案——黑色大理石的花纹，正中上方一支醒目的红烛，与《红烛·序诗》对照讲解，指出该诗乃闻一多先生所作，也是先生的自我写照。这是教者借助诗与图案从感情上敲击学生的心弦，同时，这不也是教育者对闻一多景仰之情的自然流露吗？学生既为闻一多慷慨献身的红烛精神所感动，也为老师的眷眷深情及由此体现出来的高尚人格所感染。

  人格的美是最有力量的美，它对人的心灵辐射力最强。教师是学生人生路上除父母外最早的老师。教师的人格之光对学生心灵的烛照是深刻且久远的，它不仅对学生在校时的健康成长有直接的感染作用，有的甚至可以影响学生今后的人生道路。优秀的教师应该成为学生人生道路上的导师和楷模，鲁迅先生留学日本时的老师藤野先生就是一个光辉的典范。藤野先生纯真的品质、博大的胸襟曾经给身在异国的鲁迅以极大的温暖，使得鲁迅在回国二十多年以后，还深深地怀念着老师，并且把他作为鞭策自己奋斗的力量源泉。这正是人格之美的巨大魅力！

  一位优秀教师在上完一堂观摩课后，回答一位提问者说："这一节课我准备了整个一生，而且一般地说，对每堂课我都用了一生的时间来准备。"这话并非言过其实。所谓"一生"，既指一生积累的教学经验，更指一生的人生经验。教师是要用全部身心去耕耘课堂这一亩三分地的。一位作家说过，他是蘸着自己的血肉去写作的。我们也完全可以说，优秀的教师也是应该蘸着自己的血肉去耕耘课堂。唯有如此，教师的教学魅力才会充分展示，课堂才会成为让学生津津乐道和向往怀念的地方。

  可以说，教师的职业幸福的起点在课堂，源泉也在课堂。

职业幸福从创造开始

有一首老歌唱道:"樱桃好吃树难栽,不下苦功花不开,幸福不会从天降,社会主义等不来。"歌里说的是人生的幸福、爱情的幸福,其实,教师的职业幸福也是这样。教育幸福来自创造,领域很多,其中第一位的也是最重要的,是对课堂教学艺术的创造。

多少年来,有一个争论不休的问题一直缠绕着人们——教育是科学还是艺术?比较折中和妥协因而为各方所接受的说法是,教育既是科学,也是艺术。那么,如果再作打破沙锅问到底式的追问:教育在多大程度上是科学,在多大程度上是艺术?哪些地方是科学,哪些地方是艺术,哪些地方既是科学又是艺术?这怕永远是一个亘古之谜。

其实,作这样的追问是愚蠢的。愚蠢之处在于两者根本就不可能完全厘清。教育当然有自身的规律,不符合规律的教育是可怕的;但这个规律又显得难以捉摸。这不是教育的卑微,恰恰是教育的高贵;这不是教育的羞耻,恰恰是教育的光荣!因为,教育从事的是人的工作,是世界上最复杂的关于人的成长发展的一门科学。希腊神庙上刻着一句话——认识你自己吧!人的个性是那么的异彩纷呈,因为人的成长有那么多的不确定因素,教育过程中的创造空间也就格外辽阔,创造契机也就格外丰富,教育活动双方被激发出来的创造力也就应该格外丰盈。这正是教育之所以成为艺术的机缘和理据。教育艺术之美由此应运而生。

我有一个多年的同事,课堂教学颇得学生喝彩。退休后到一所民办学校打工,校方考虑到他在当地的积极影响,力邀其担任管理职务,可是这位在语文课堂摸爬滚打了一辈子的哥们儿,坚辞管理职务而只愿担任两个班的教学任务，每天教授四节课而自得其乐，丝毫不以为累。他的动力就在于课堂能给他以施展才艺的舞台，而课堂上来自学生的肯定、称许和鼓励，足以使其抗拒疲劳而保证其神清气爽、精力充沛。

事实上，课堂教学也是一个艺术创造过程。教学材料（包括知识以及凝聚在知识自身的审美元素）首先成为教师和学生共同的审美对象，她们会给师生双方带来丰富的审美感受。其次，教师和学生都是创造主体，教师依据教材和教学目标，充分施展自己的创造才能，学生也以自己的生命激情和成长热望，投身其中，师生双方共同努力，营造出一个活泼有序、节奏鲜明、生机盎然，充满理智美、情趣美、智慧美的生命课堂。在这样的课堂里，成功的教学氛围成为师生共同的审美对象，师生都会从中感受到成功的喜悦。再次，教师和学生也可以互为审美客体。学生之于教师，教师之于学生，也都可以从中收获一份诚挚的信赖和爱，获得其他劳动者无法获得的审美愉快。

教师在课堂教学中面对的是性格各异、思想日新的儿童，时时处处充满了创造的契机。而且，教师在自己的教学艺术创造过程中，自身也会收获一种成功体验和愉悦，会感受到自己劳动的职业幸福，这种和成功的教学劳动如影相随的幸福感受，有时连教师自己也未必清楚，或者，只是朦朦胧胧。前面所说的那位老教师，他自己只说是因为自己身体好、精神好，所以才继续教书，这也是事实。其实，我知道支撑他精神世界的一个重要因素，是他的课吸引学生，学生也喜欢听他的课。他未必懂得教学创造的理论，但多年的实战操练使他驾轻就熟地谙习了课堂教学之道。因此，在别人看来很苦、很累的活，他自己却自得其乐。

众所周知，作家、艺术家、科学家，之所以能在艰苦的劳动中孜孜不倦、含辛茹苦而不知疲倦，其中固然有强烈的社会责任感在促其奋斗（人们也往往比较多的强调这一点），同时也因为劳动过程充满巨大的发现和创造喜悦，使之可以获得强烈的审美满足。著名作家王蒙在谈及创作甘苦时说，在创造实践之前，有"一种欲言又止的犹豫与不吐不快的压迫感"，而当创造实践开始时，"每一处成功都鼓舞你进一步努力，发展和深入你的创造，而且精益求精"。文学创作如此，教师的劳动也是如此。这种创造从备课就已经开始，教师会因为自己对文章思路的一个发现，对习题解法的一个创新，为一个新鲜的思想、一个新颖的板书而跃跃欲试，甚至激动不已。在课堂教学中，审美满足则较之备课时更为巨大和强烈，因为备课时仅仅因想象、设想而满足，此时则付诸实施并将获得成功，那种来自学生一双双充满期待和笑意的眼睛，是十分醉人的。同时，由于教师面对的是个性不同、性格各异的学生，因而教学过程常常充满创造的契机，这正是教师充分发挥其教育机智的地方。教师一个巧妙的回答、一个机智的比喻、一个幽默的动作都可使平静的课堂出现"乍惊破一池春水"的波澜，此时，教师心中难以言喻的愉悦是非个中人难以体会的。

当然，在教师的劳动中，并不是每次都能获得这种由于创造带来的巨大满足，也常常产生"山重水复疑无路"的焦虑和无可奈何的痛苦。这种焦虑和痛苦一般不是因知识缺乏所致，而是教学设计即教学创造过程中由于方法上的障碍或称"无序状态"形成的。但是，也正因为这种焦虑和痛苦，"刺激你激励你去推翻它们，挽救它们，重新塑造它们"，从而使你通过一番殚精竭虑的努力，获得"柳暗花明"的审美愉悦。美国心理学家弗雷德·路桑斯认为，体验职业幸福需要五种积极的心理状态，其中一条就是创造力。教师不应该满足于现状，为了达到更好的目的，应该不断尝试用更加新颖的方式去有效地解决问题，说的也是这一层道理。

你想体验教师职业幸福吗？那么，请从教学创造开始。

创造型教师的特征

多年前，为一篇有关谈教师创造性的研究论文搜集资料。我四处奔波，翻箱倒柜，试图能找到一些可供参考的文献。可是，我失望了。除了一本日本学者恩田彰编撰的《创造性心理学——创造的理论和方法》，此外一无所获。而我的经验和直觉告诉我：不是所有体育苗子刻苦训练都能成为郎平邓亚萍，不是所有音乐爱好者通过努力就能成为李双江吴雁泽。行行出状元，行行也都有自己的职业标准和职业要求。那么，教师呢？除了教师职业道德要求的那些属于思想品质范畴的内容，此外呢？教师职业还应该有自己特殊的要求、条件和特质吗？可惜，我们的教育学没有给出令人信服的回答。

教育学的这一缺失绝非小事。例如，怎样的人适合从事教师职业？当然，并非绝对，但至少有一部分人可以因为这个标准不致入错行。同时，已经加入教师行列的人，可以因为有了这个标准而主动调整积极修炼，向着一个优秀教师的方向努力进取，从而大大缩短成长和成熟的时间。更为重要的是，一大批已经成长和相对成熟的教师，如果因为有了一个可资参考借鉴的创造性教师评价量表（当然，教学工作的特殊性决定了没有绝对标准），或许可以在专业发展道路上百尺竿头更进一步，领略到更为美好的教育风景和境界。近些年来，空前重视教师培训，专业发展也被提上议事日程，形形色色的教师成长读本（大多是个案）也日益丰富，这是一种进步。但是，教学创造问题似乎仍然付诸阙如。

其实，成功的教学背后，一定潜藏着教师的创造意识和创造能力。我们常常听到对不成功课堂的一种批评和责难——照搬教学参考书。是的，照搬教学参考书肯定不会成为成功的教学，可惜我们往往将之视作工作态度和责任心问题，而很少去分析深层根源。这个深层根源往往就是创造意识的淡薄或者缺失。换句话说，只要教师有了创造意识，学会对教学内容作一些加工处理的方法和技巧，创造性地把学习内容转换成问题，再调动学生解决问题或者自己去主动发现问题，课堂教学就会提升一个层次。这里，没有什么千篇一律的课堂教学的成功公式或者秘诀，因为学生是个性纷呈的，课堂机遇是千变万化的，但是应该有一些共通的原则和方法可供借鉴，这就是教育教学规律。

关于教师的教学创造意识和创造能力，创造学者恩田彰认为："有创造性的教师，能够发现普通人不注意的、容易忽略的问题。同时能够进行创造性教学，即在课堂教学中下了新功夫，即使是同样的教材，也能采用不同的新教法，把各种教材重新组合来进行教学。"恩田彰还曾在书中引用一份美国创造性教师自我评价的 12 条标准。概括地说，这些标准包括以下几点内容：

（1）思维应具有灵活性、开放性，能够制定灵活有余地的方案，能够进行开放的思考。

（2）尊重学生的独创性，培养学生的独立自主的能力，注意培养学生的自发性、主动性。

（3）重视学生创造的过程，把有创造性的学生看做有希望的学生。

除以上三个方面之外，还可以补充一些。第一，和谐的教学氛围。和谐课堂氛围的营造关键靠教师，学生的被激发和唤醒也主要靠教师。因此，教师的教育素养就显得格外重要。要有爱心。教师必须以真诚无私的爱，才能全身心投入到教育创造中去。我甚至认为，教师之爱首先就是表现在课堂教学创造上。要民主，民主是创造性教学的重要标志。教师只有以平等的人格进行教育教学，才会循循善诱，入情入理；才会不仅教授知识，而且关注人的感情、思想，注意心灵的沟通、情感的共鸣。那种家长式的粗暴、官僚式的冷漠、师爷式的专横都与成功的教学创造无缘，因而也势必扼杀和窒息教育艺术美的生命。教师必须把学生当做一个个活生生的、成长中的人而不是知识容器或者机械产品，才能张扬创造的风帆。要充分尊重学生，确立学生的主体地位，否则，势必死水一潭。第二，节奏感。在充分调动学生主体地位的基础上，教师要注意把握课堂的教学节奏。例如，用简洁、精彩的开场白，以激发兴趣。通过讲解讨论等手段，使学生保持较高程度的心理紧张，集中精力接受理解高负荷、高密度的教学内容，以取得规定时间内的最佳效益。第三，流畅。教学设计必须是一个有机的整体，是一个优化的结构。整个课堂流程应该是流畅的。这个流畅是指整个课堂环节的流程结构，而不是指问题的讨论和解决。解决问题当然可以有反复，有停滞甚至有失败，但总体设计在逻辑上不能颠三倒四，不能轻重失序，不能随意中断学生的思维过程。常常见到老师武断地打断学生的思路，硬插进教师自己一厢情愿的所谓"设计"，这样的结果往往令课堂支离破碎，思维阻断，气氛压抑，因而失去创造的最佳氛围和机遇。

　　教师的劳动能否成为创造的过程，一般地说，要受制于两个因素：一是高度的责任心，二是创造的意识、禀赋和才能。具有高度的责任感和事业心，才会呕心沥血地投入创造，这"台上十分钟，台下一生功"，可以说是所有优秀教师的共同特点。但问题还不止于此，优秀的教师还必须具有创造的意识、禀赋和才能。

　　应该承认，长期以来，我们对教师的主体素质研究得不够。忽视教师的主体素质研究，必然导致主体素质的匮乏，而主体素质的匮乏必然弱化教师的创造能力，创造能力的萎缩也必然影响教师劳动的成功体验。教师若长期缺乏成功体验，则必然降低劳动热情、增加受挫感受，这无论是对教师自己还是对教育事业，都是十分不利的。

细节,无处不在

教育的细节,无处不在;而教育的成败,也往往在于细节。引发我这个感慨的是前不久发生的两件事。

一个是不久前开展的高二年级班级特色文化展示。这是一次非常有特色也非常成功的校园文化建设活动,是我校的传统节目。活动可圈可点之处不少,也有许多感触。例如,很佩服那些各具风采的班级形象代表,假以时日,也许其中就有未来的著名节目主持人;很佩服节目组织者的创意和胆略,在应试氛围紧锣密鼓剑拔弩张之下,拿出两节正课的时间开展活动,是需要一些勇气和眼光的;突出学生主体地位的活动理念,掺入时尚元素的新颖形式……都让我有耳目一新之感。

我要说的是这次活动中的一个细节。活动结束时,有个环节是评委上台为优秀的班级形象代表"戴花"。作为评委,我们在台下时,就已经发现有一两个同学颇有些不大自然的表情,可能是他们自己觉得发挥得没有别的班级好,有些落落寡欢的样子。此时,我们理应利用上台挂花的机会,适当安慰一下他们。尤其是我们几个排在后面的评委,应该注意平衡,把小红花适当"分散"一下——表现已经很好的同学,就不要再去锦上添花了,而对明显有些窘迫的同学,来点雪中送炭。可惜可惜,作为评委,我们(尤其是我)没有经验,仍然按照既定的印象,一个劲地把小红花集中地送给了那几位"明星"式的人物。直到我们走到台下,看着台上的那个男孩把头低下再低下,终于泪水涟涟……我们才幡然省悟。可是,为时已晚!我们几个走在后面的评委懊悔得要命,仿佛是做错了事情的小学生。活动结束时,和我走在一起的周老师赶紧打听男孩的班级，很巧，碰上了那个男孩的班主任。我们急切地表达了我们的"忏悔"，并请班主任老师对她的那位形象代表多加慰勉。如此，方觉得稍微宽慰些。其实，我也知道，事后的几句安慰，其效果是很有限的。最要紧的是在众目睽睽之下，我们没有给男孩一点小小的"面子"，让他也得到一两朵代表荣誉和赞美的红花。教育的机会，在很多时候，其实是稍纵即逝的！

说来也巧。事隔没几天，我随督导组去新草桥中学听课。在听完初二年级的一节语文课之后，我在教室走廊和任课老师作了些简短交流。结束时，那位老师对我说，我们班是一个差班（因为是民办学校，生源参差不齐，所以分有快慢班）。昨天，一次次地，听课老师从我们班门前走过，却总是过门而不入。孩子们向门外望着、望着，终于，一次次地失望了。孩子们问我："老师，是不是因为我们班差，他们就不想来听我们的课？"我一次次地跟他们说，绝对不是，明天，他们准来。其实，我的心里一点也没谱。谢谢你，今天终于走进了我们的教室！让我们的孩子得到了一点鼓励。

说真话，听了这位语文老师的话，我非常感动，也很有感慨。很多时候，我们不了解孩子。例如听课，我们根本没有考虑过孩子们会有这些感受，都以为这是听老师的课，和学生无关。我们也从没有想过谁是好班、谁是差班。岂知孩子的心是如此丰富敏感！我也很为那位深谙教育机智的班主任老师感动。她在毫无把握的情况下，就向孩子们保证——明天，一定有人来听我们的课！这种呵护和爱心正是来源于教师的职业天性，来自教师良好的教育素养。在漫漫的教育职业生涯中，是否拥有这样的教育素养或者这样的素养是否深厚，在教育教学活动中的表现是会完全不同的。例如，如果那位老师面对孩子们的疑惑，跟孩子们说："是的，像我们这样的差班，谁想来听？"这样的回答无疑是对孩子们的一次打击，换来的结果可能是有更多的同学自暴自弃。而这位老师却充满自信地告诉同学们,"明天,一定会有人来听我们的课"。那就是告诉孩子——我们班不差。谁说我们班是差班?我们班很行的。我相信,这位老师在平时的教育活动中,是不会把"差"字挂在嘴边的。因为她知道,给孩子以鼓励和信心,是比什么都重要的最好的教育。比起前些天我当评委的经历,我得说,在把握教育机遇这一点上,我该向这位老师学习。事实上,在那节《明天不封阳台》的语文课上,孩子们表现得一点也不差,同学们对课文中那只"受伤鸽子"的同情、关怀和理解,显示出孩子们良好的教养和语文素养。

  我们常说,让孩子赢在起跑线上。可是在很多情况下,我们却是让孩子"伤"在了起跑线上。是的,这"伤",来自成人,其中有时就可能来自老师,而且,常常是无意甚至是善意的。我比较喜欢看学生的一些回忆当年读书的文章,往往可以从中发现一些当局者迷、旁观者清的事例。其中,就常常看到有人回忆当初如何受到老师的某种"误伤"。其实,我想说的是,能在今天说出或写出这种"伤"的人,大都是今天人生境况混得不错、略有所成的人,真正被"伤"的人往往还不能自觉感到这种伤害,或者虽然感到却没有言说权和话语权说出的那些极其平凡的普通人,那才是真正被教育"伤"得比较深的人。

  谢晋说,"电影是遗憾的艺术"。其实,教育才是真正遗憾的艺术。谢导如果觉得自己对哪部作品不满意,完全可以重拍;而教育,我们怎么也无法从头再来。错过了,往往无法弥补;最佳的机遇,常常转瞬即逝!

脱下你的情绪"套鞋"

教育家赞科夫在谈到教师情绪的控制时,曾引用了俄国著名导演斯坦尼斯拉夫斯基的一段话:"当一个人回到家里的时候,他得把套鞋脱下留在室外的过道里;当演员来到剧院的时候,他也应当把自己个人的一切不快和痛苦留在剧院之外,在这里,在剧院里,他整个人是属于艺术的。"赞科夫的意思很清楚,教师进入学校,他的整个人就属于教育、属于学生,教师就得严格控制自己的不良情绪。

是的,回首教学生涯,谁都有过情绪偶或失控的时候,不同的只是失控的程度以及善后处理是否得当;但是,我们必须承认,赞科夫的观点是对的,尤其是在课堂上。课堂教学中教师的情绪如何,直接影响教学效果。良好的教学情绪与成功的教学艺术同在。换句话说,只有以积极的教学情绪贯穿于教学的全过程,才能取得教学活动的成功;教学活动的成功也会给教师带来良好的情绪。因此,从某种意义上说,教学情绪甚至可以作为衡量教学质量的一个重要标准。

情绪,一般地说,包括三个方面的内容:①主观体验形式(如喜、怒、悲、惧等感情色彩);②外部表现形式(如面部表情等);③独立的生理基础(如皮层下等部位的特定活动)。本文所说的情绪,主要指的是外部表现意义上的情绪,就是指教师在教育教学过程中,从身体上外现出来的各种表情。按照美国心理学家斯托曼先生的解释,这种表情包含表现在"身体姿态上的姿态表情"、"语声上的语声表情"和"面部上的面部表情"。这些表情作为教学的辅助手段,是师生之间进行情感交流的重要手段。

面部表情表现情绪的作用最为突出，因而人们的认识比较清楚。人们常说，"笑脸含春"、"春风满面"，的确，亲切、和蔼的面部表情是可以给学生以极大的积极影响。教师春风满面，学生就心情轻松；教师冷如冰霜，学生的心灵之门就会紧闭，智慧的火花也就难以迸发。当然，这样说并不是要教师一味地强装笑脸，相反，它要求表情因具体情境的不同而变化。

容易忽略的是姿态表情和语声表情。听觉是学生的高级审美感官之一，语调是表达情绪的一个重要手段。教师的语调要谦逊、温和、抑扬顿挫。语调过高，响而不柔，容易使人厌倦；语调过低，低而无力，也会使人昏昏欲睡。语声表情也应注意变化，力避单一、呆板，像马卡连柯说的，"学会用十五种至二十种声调来说'到这里来'，学会在脸色、姿态和声音的运用上能作出二十种风格韵调"，这才是一个真正有技巧的教师。

姿态表情指的是教师在教学过程中的举手投足，这是最容易被忽略的情绪。态势语也叫体态语言，就是用态势动作来交流思想的语言。体态语言能够交流思想，当然也能传达情绪。例如一个有力的手势、一个轻轻的颔首、一个抚摸的动作，均可传达出丰富而复杂的情绪。有时在表达含蓄朦胧的情绪时，甚至起到口头语言所无法起到的作用。面对学习遇到困难的学生，给他一个鼓励的眼神，或者轻轻抚摸一下他的头顶、拍拍他的肩，效果可能会远远超过鼓励的语言。

教育教学活动中的情绪控制，似乎可以用和谐、真诚和理智三个关键词来表达：

和谐。美的事物都是和谐的。在课堂上，和谐包括教学情绪和教学内容的和谐。这样，才能充分发挥教材中的情感因素，收到熔知识传授、情感熏陶为一炉的高效益。教学情绪也要与教学气氛和谐。当学生在潜心思考问题时，教师的情绪也应冷静，不能破坏这宁静的气氛；而当学生讨论问题、气氛热烈时,教师的情绪也要相应地热烈一些,此时教师如果过分冷静也会影响这种热烈的气氛。情绪的和谐还指情绪表现要有"度"。教学情绪不同于演员的演员情绪。演员演戏,悲痛可以流泪、兴奋可以狂呼,而教师则不行。如果说演员的情绪可以像瀑布一样急湍,那么教师的教学情绪则更像溪流,舒缓、自然。

真诚。心理学家认为既然教育者关心知识和追求真理,那么他的情绪必须真诚或真实。如果人们在其情绪上是不真实、不表里如一的,那么教育的效果是会大打折扣的。所谓真诚,就是能憎、能爱、能喜、能怒,只要这种情绪对教育教学是有利的。在这个意义上,教师只有入"戏"——爆发真诚的情绪,才能叩开学生的心灵之门。真诚的情绪既表现在对学生学习行为的评价上,也体现在对学生日常生活行为的评价上。对学生的行为评价,也应大胆地流露感情,该褒则褒、该贬则贬。教师用语言、神情或者动作对学生好的行为予以鼓励,对学生的错误行为予以批评。简单来说,在特定情况下(如涉及品质问题),发怒也是情绪真诚的表现。真诚的情绪爆发产生特殊的效果,迸发出师德和责任的火花。"真"是美的生命。没有了真情,也就没有了美。

理智。理智是指对与教育教学不协调的情绪的克制。教师在教育教学活动中,就要学会控制与教学无关的消极情绪,而调动起积极的、与教学内容及气氛一致的情绪。教师也是人,生活中也有柴米油盐、喜怒哀乐,人生的种种酸甜苦辣教师都有,但是教师的职业又要求教师在走进学校尤其是走进课堂后,必须把所有的不利于教学的情绪像"脱套鞋"一样放在屋外,这样,才能全身心地属于教学、属于学生。有时课堂上难免会出现一些不利于教学的意外情况,这就需要教师有高度的自制能力,因势利导,否则情绪失控往往会导致教育教学的失败。

影响情绪的因素很多。工作的顺逆、事业的成败、人际关系、生活环境、身体状况甚至自然天气,都可以成为引起某种情绪的原因。情绪与心境有关，愉快的平静的心境产生饱满热烈的情绪；忧郁、苦闷的心境产生低落、呆板的情绪。因此，在教师要注意培养良好心境的同时，学校领导更应多关心体贴教师，创造一个宽松和谐的校园环境，这对于调节教师的情绪有着不可低估的作用。

让你的学科富有魅力

一个优秀的教师只需要两种魅力：一是人格魅力，二是学科魅力。两种魅力有联系也有区别，相辅相成也相对独立。可惜，人们对人格魅力比较重视，而对学科魅力却言之甚少。

青年教师在成长路程中常常听到这样的言论，要热爱教育事业。这话没错，但还不够具体。热爱教育究竟热爱什么？爱到怎样的程度才叫热爱？怎样培养这种对教育的热爱？热爱教育首先是爱学生，没有对学生的爱就没有教育。但仅有对学生的爱而没有对学科的热爱，还不是完整的热爱教育，也不能保证你就能必然地做好教育工作。

关于教师对学科的热爱，赫·斯宾塞有一段话可作参考，他说："你会设想一滴水，在俗人眼中看来只是一滴水，而一个物理学家懂得了它的元素是由一个力量集结在一起，而那力量突然释放时可以引起闪电。你会设想在普通人不经意地看来只是雪花的东西，对于一个曾在显微镜中见过雪的结晶的奇妙多样形式的人不会引起一些较高的联想吗？你会设想一块划了些平行线痕迹的圆岩石，对一个无知的人和一个知道一百万年前冰河曾在这岩石上滑过的地质学家，能激起同样多的诗意吗？"斯宾塞用了"诗意"一词来评判这种热爱的程度。教学中，你是否发现了你所教学科知识背后蕴藏的诗意？发现了这种诗意，你才是高度的热爱、真正的热爱；传达出这种诗意，你的学科就富有了魅力。当然，不可能让每一节课都充满魅力，日常的教学也不可能经常让大家忘记了下课铃声。但是，一堂课中总有那么一两个环节、一两个回合，让大家聚精会神、忘我地投入，却不算是苛刻要求。

这种诗意的发现其实首先出现在备课环节。备课，在某种意义上说，就是教师欣赏和发现知识之美的过程。知识之美，每个学科门类都有。它不是外缀的点饰，更不是节外生枝、穿靴戴帽，而是和知识本身水乳交融地结合在一起的。是否发现学科知识之美，在很大程度上取决于教师钻研教材的深度。真正钻研透了，发现了知识的内在逻辑结构，教学内容之美就会油然而生。知识为什么会美？因为美和真是相通的。自然界本身的规律叫"真"，真与善、合规律性与合目的性的这种统一，就是美的本质和根源。教学内容反映的是各个科学门类的客观规律，这些规律凝结着人类的智慧和劳动成果的结晶。这里，也同样有着"真与善、合规律性与合目的性的统一"，因此，教学内容也同样具备美的特点。

数学之美是一个最为方便的例子。许多数学家说过，美是数学研究所追求的目标之一，而且是高于其他一切的一个目标。数学家赫尔曼·外尔（Hermann Weyl）曾说："我总是尽力将我的工作，将真同美连接起来；但当我不得不取其一时，我常常选择美。"20世纪上半叶英格兰的著名数学家哈代（G. H. Hardly）是众多著有精美自传的数学家之一，他曾断言"丑陋的数学在世界上没有永久的地位"。伯特兰·罗素（Bertrand Russell）同阿尔弗雷德·诺斯·怀特海（Alfred North Whitehead）都曾尽了极大的努力试图用数学逻辑的符号与演绎推理对所有的算术知识进行系统化。他们强调："实际上数学不仅蕴涵着真理，同时也拥有至高的美感——像雕塑一样冷峻的美……快乐、兴奋以及超出人类所能体味的卓越非凡的感觉，这些在诗中能体会到的感受在数学中同样能找到。"如果我们在备课环节中深深地为这种知识的诗意所感动和陶醉，我们的课也就已经成功了一大半。

　　当然，认真备课只是一种态度，专业的深厚修养才是关键。知识之美无处不在，要紧的是要有发现的眼光。教育内容的审美需要有一个前提，那就是教师必须具有丰富的学科审美素养，具有对教育本质的深刻理解，要有一双发现美的"眼睛"。事实上，在教学内容中，知识和美如水乳交融般无法截然分开。合则双赢，分则俱伤。深刻地把握了"真"，也就自然领悟了其中的"美"；寻找到恰当的"美"的路径，也容易逼近事物的本质——"真"。一位成熟的教师，在确定教学内容时，不应该仅仅满足于知识传递，还应努力挖掘蕴涵在学科内容中的"美原素"，发挥这些"美原素"的育人功能；或者说，把握住了学科知识的本质规律和逻辑线索，也就把握住了学科之美。如雅斯贝尔斯说的那样："手工课以劳作方式发展学生的灵巧性；体育课则以学生身体素质的锻炼，以及身体的健美来表现自我生命。哲理课发展思想和精神的敏锐、透明，培养说话的清晰和简明、表达的严格与简洁、把握事物的形式、特征，以及了解思想争论双方的焦点所在，以及如何运'思'而使问题得以澄清。通过接触伟大作品而对人类本真精神内涵进行把握（伟大作品包括：荷马史诗、圣经、希腊悲剧家的作品、莎士比亚和歌德的作品）。而历史课的教学则是发展学生对古代文化的虔敬爱戴之心，启发他们为了人类更高的目标而奋斗，并形成对现实批判的清醒历史观。自然科学课的开设，则是掌握自然科学认识的基本方法论（包括形态学、数学观和实验）。"雅斯贝尔斯在这里强调的，其实就是学科之美的大致要旨。我们很多教师之所以往往忽略学科之美，不是缺少发现的眼光和能力，而是被庸俗的教学观遮住了双眼。如果教学中不是着力于发现和揭示学科魅力，而是仅仅把眼光停留在与考试相关的所谓"知识点"上，势必会割裂知识的内在联系，破坏知识的内在逻辑，支离破碎,一鳞半爪,那样的教学往往会做出"煞风景"之类的事。

教师在课堂教学中的责任,就是要通过讲述、讨论和活动,带领学生一起欣赏知识之美。在这方面,我想请大家一起来欣赏19世纪伟大的物理学家路德维希·玻尔兹曼(Ludwig Bolfzmann)关于他的更伟大的同事J·克拉克·麦克斯韦(J Clerk Maxwcll)的一段话。

> 有谁不熟悉麦克斯韦所作的关于气体物力论的报告……首先速率的变化在雄壮地进行着;之后一方面进入平衡状态,另一方面在中心区域是均衡的运动。公式的纷乱程度达到高潮。突然如同听到了四下定音鼓声"如果n=5"。邪恶的精灵V(两个分子间的相对速率)消失了;就像在乐曲中,在低音区一直占主导地位的形象突然沉默了,一种似乎不可战胜的东西像是被魔力征服了……现在还不是解释为什么会出现这样或那样的替换的原因的时候。如果你并没有随着推理的进行而迷惑,那么将报告放下。麦克斯韦并没有写带明确注释的标题音乐……每一个结果都紧跟着上一个快速出现直到结束。当热平衡的条件与变换系数同时出现时,出乎意料的高潮到来了。而帷幕也随即落下!

这是大师的课堂,是一场物理之美的欣赏盛典!我们中小学老师的课堂不太可能出现如此精彩迷人、令人陶醉的乐章。但是,我们可以向着这个方向去努力。我们也应该尽其所能地去发现、去创造,用学科特有的魅力去给学生以美的震颤或神秘,讲述一些可敬的发现或未知的世界,用知识更用智慧的琼浆去灌溉那些嗷嗷待哺的心灵。

为谁辛苦为谁甜

教师职业是辛苦的，这一点众所周知。教师的劳动是体力、脑力和精神三重负担的特殊劳动。普通老师，每天至少有两节课，要聚精会神地站在讲台上讲 90 分钟，这是需要付出一定体力的，同时，课堂本身更是一种高强度的智力活动，阐述、引导、设疑、解难，思维受阻，节外生枝，山重水复，柳暗花明。有时，连上三节课，那可真是实实在在的体力和智力上双重的累。如果仅仅是上课，那还不算太累。累的是课前要花费大量的时间和精力备课。还有作业批改、纠正、个别辅导，也要花费相当多的时间。学生的教育工作，谈心、家访、解决问题，则使老师更像一个家长，不同的是要比家长更富有耐心和艺术。此外，在客观上还普遍存在着的学生成绩的压力，尤其是毕业班，那简直就是如履薄冰、如临深渊……

但是，教师仍然是一个吸引力巨大的职业。走上讲台的因缘各有不同，有的是误打误撞，有的是乱点鸳鸯，有的是学业成绩的制约，有的是自觉自愿的选择。不管怎么样，几年磨练下来，大部分人是无怨无悔地爱上了这个职业，而且干得还十分投入和忘我。为什么？

其实，有一个秘密一直没有人说破。外行人雾里看花不知情，内行人只缘身在此山中。这个秘密就是，教师自身劳动有着巨大的审美价值，教师从劳动中可以获得强烈的审美体验。

从教师劳动的性质看。体现了人的本质力量的创造性劳动便会闪出美的火花，因为这种劳动是合目的、有意识的，而且是自由的、富有创造性的。教师的劳动就是这样一种创造性劳动。由于教育对象的千差万别，由于教育内容的不断变化，同时，也由于教师个人条件的各不相同，教师的劳动不可能有千篇一律的模式，而只能由教师去自由创造。就像一千个读者有一千个哈姆雷特一样，一千个教师就会有一千种教法。因此，教学便成了一门艺术，教师便成了特殊形式的艺术家。"使教育过程成为一种艺术的事业"早就是人们对教育的要求。在这艺术创造的过程中，教师的创造性得到充分的发挥，教师劳动的美，便在这创造过程中源源不断地产生出来。试想，有哪种职业能为劳动者提供如此充分的创造空间。可以一比的是艺术家，但又有哪一门类的艺术能具有教师的劳动自由？

从教师劳动的对象看。教师劳动的对象主要是教材和学生。加工教材，与书本打交道，做一个与书香作伴的人，这是一般人都比较喜欢的。和人尤其是和青少年学生打交道，虽然期间酸甜苦辣都有，但收获也是巨大的。看着孩子们一天天地进步、懂事、成长，那种感觉只有做父母的人才能切身体会。当你走在校园里或大街上，会不时地听到老师长老师短地叫来叫去；当你因事因病有一段时间没来上班，种种问候的信息通过各种渠道向你传来；当你再走进教室，你会被学生团团围住；尤其是当学生毕业之后，节假日里，天南海北的学生发来问候或者登门拜访；甚至，我还曾在晚报上看到有几十年前的毕业生刊登寻师启事……那份感受是旁人无法理解和体会的。

蜡烛和春蚕两个比喻流行了多年，这些年渐渐不说了，为什么呢？蜡烛和春蚕，意味着奉献和牺牲。反对者的解释是，教师不止是无私奉献和牺牲。教师也在工作中成就了自己，照亮了别人也使自己成功。这样的解释有一定的道理，可以激励教师去完善自我、发展自我，攀向更高的工作和人生境界。但是，实事求是地说，又有多少一线教师能获取那些所谓的成功？众多默默无闻的普通老师，他们的劳动和付出又该如何定义呢？其实，他们也同样是卓有成就的成功者和幸福的劳动者。说他们卓有成就，是因为他们用自己的肩膀把一茬一茬的学生送进了高一级学府，在自己的岗位上完成了教职赋予他们的使命。说他们是幸福者，是因为他们在日常的普普通通的劳动过程中，收获了只有他们自己知道的心理愉悦和美感体验。

不明白这一点，很多现象就无法解释。著名小学特级教师斯霞老师，一辈子清清白白地只做小学教师，在生命的最后时刻，她还让子女用轮椅把她推到服务了60多年的学校，向校园作最后的告别，还叮嘱不要惊动学生……在斯霞的墓碑上，刻着她的墓志铭——"我为一辈子当小学教师而自豪"。对自己工作的校园和学生有如此眷恋的岂止斯霞，怀有此心的教师可谓多矣！社会用奉献、牺牲和崇高等字眼来赞美他们是应该的，他们也是担当得起这一份荣誉的；但是，仅仅用这样的词汇，其实还没有完整揭示教师尤其是中小学教师劳动的职业特征，也不能让这样一个庞大的职业群体，更加深刻地理解和熟悉他们自己的劳动特性，更加舒畅地享受和体验他们自身的劳动快乐，尤其重要的是，要更加清醒地面对劳动中的困难、艰辛和挫折，从而最大限度地减少职业倦怠，最大程度地感受职业幸福。

我们是"萝卜"，我们也是"肉"

近几年，学校的校本培训日益多了起来。各类专家经常来到中小学教学一线，和老师们一起"沙龙"起来。于是，经常听到这样一个生动的比喻——萝卜烧肉。教师是萝卜，专家是肉。是的，单纯的萝卜在一起，没有多少滋味，只有和肉一起烧，才会香醇可口、齿颊生香。

我所在的学校也经常进行这样的"萝卜烧肉"活动。而且，作为活动的主要策划人和组织者之一，我每次都要考虑话题的选择、人员的安排和专家人选，常常要为这些事务颇费周折。我感到，沙龙话题的确定，对活动成败起着至关重要的作用。选择得好，老师的发言会争先恐后，因为他们有话要说、有话想说，不吐不快；话题选择得不恰当，那发言就像挤牙膏，气氛活跃不起来。有几次印象比较深的活动，值得一说。

一次是"阳光、水分、空气——我们今天怎样做教育"。这是从叶圣陶的一段语录中引出来的话题。那一次，大家发言的踊跃程度超出了我们的想象，老师们纷纷结合自己的教学工作体会，谈教师把学生当做"瓶子"的无奈，谈理想中教育的境界，有的老师还联系起叶圣陶引用丰子恺先生一幅题为《教育》的漫画来。丰子恺的漫画题为《教育》，画一个做泥人的师傅，一本正经地把一个个泥团往模子里按，模子里脱出来的泥人个个一模一样。可见，叶圣陶、吕叔湘、丰子恺这些教育大家们的心都是相通的，他们对教育的理解也是非常深刻的。大家认为，叶圣陶先生一定是敏锐地发现了现代教育极易陷入"工业化"、"模式化"的窠臼，才提出这个比喻来给人们以启迪。而从某种意义上说，我们的教育体制还是一个"工业化"、"模式化"的体制。因此，出现不顾学生实际硬往一个模子里套的教育现象也就不足为奇了！那一次，我记得也是请了大学教授来和我们一起"烧"的，但事实是，"萝卜"们的观点非常精彩，"肉味"浓郁，丝毫也不逊色于教授。思想在于激发，激情在于点燃，一旦我们的话题激发出老师们言说的欲望，大家的许多心里话就会源源滚滚。而无论是倾诉，是抱怨，还是分享愉快，交流心得,都是老师们情绪的一次积极的释放,是心灵世界的一次净化,是自我的回归和找寻,在以后的工作中会有许多益处。

还有一次是"感受教师的职业幸福——今天你倦怠了吗?"这也是给我留下深刻印象的一次沙龙活动。因为话题比较敏感,事先我们几个组织者议论说,就等着开一次"诉苦大会"吧!为了避免沙龙活动的负面效果,我们一改往日惯例,不请任何媒体,关起门来,大家有"苦"就诉说吧。为了及时疏导,我们邀请的专家是心理学教授,在心理疏导方面很有经验。为了让大家有思想准备,同时也为激发思想提供一些必要的发酵"酵母",我们先发放了一份关于职业倦怠话题详尽的调查问卷,关于读书、工作、业余兴趣、时间分配、烦恼原因、师生关系、职业理解……

事实上,我们的担心有些多余。尽管也有些老师难免诉说一些工作中的烦恼和纠结、埋怨和辛苦,但总体上,我感到老师们的发言很有水平,对教师职业很有感情,对职业的理解也很到位。例如有位女老师说到自己的自费留学经历,为了提高英语会话能力,她不惜自费到澳大利亚学习一年。她说,看到自己学习归来之后业务能力的明显提升,看到学生看自己时不同于以前的敬佩眼神,她觉得此时的自己就是幸福的,一种得到学生欣赏和肯定的幸福。还有一位人到中年仍然面貌姣好的美女老师,她说起了自己的一段生病休假经历。这是一位优秀班主任,平时工作勤勤恳恳、兢兢业业。她说,生病之前的自己也是经常怨天尤人,感慨自己是天底下最苦的人。那一次生病休假,休息了两个月,见不到学生的笑脸,听不到班级里的喧腾,她竟然觉得很不适应。病愈上班的第一天,孩子们围着自己吁长问短,一张张笑脸如同花朵绽放,感到了一种从未有过的温暖和幸福。原来,工作着是美丽的。她说,其实,工作是最好的美容剂,因为心里踏实、心灵充实。这是自己保持靓丽容颜的最大秘诀。美女老师的一番话，说得大家低首心折，人人动容，惹得一位即将退休的老教师急得上去抢话筒要求发言，他也想和大家一起分享工作的愉快和职业的幸福。最后，那位我们专门请来的"保健医生"大发感慨，称赞我们老师的精神境界和职业态度。看得出来，我们的"萝卜"感动了"肉"。

呵呵，我们是"萝卜"，我们也是"肉"。"萝卜烧肉"，味道好极了！

第四辑

职业幸福与光环无关

把教学仅仅当做知识的传递，把教育仅仅理解为带小数点的数字，把职业仅仅视为谋生的饭碗，就会让技术代替艺术，制造代替创造，焦虑代替快乐……我们就都会被一只无形的大手操控着，生活在背离教育精神和缺乏教育幸福的困窘之中。

还有一些看不见的手，也会吞噬我们的职业幸福。评比，攀比，名誉，荣誉……形形色色的桂冠和光环，如果缺少必要的警惕，也会腐蚀我们原本淡定的心灵，搅乱我们曾经从容的脚步。

让教育返璞归真，让我们重拾朴素真诚。

从奥赛金牌到创造性人才有多远

报载:刚刚过去的 2010 年底,四年一次的菲尔兹奖颁给一位越南出生的数学天才吴宝珠。四年前的上一次菲尔兹奖得主,是澳大利亚华裔数学家,更年轻的天才陶哲轩。1988 年,吴宝珠和陶哲轩曾参加了同一届国际奥林匹克数学竞赛,都取得金牌,当时只有 13 岁。可是,在中国,几十年来即使是有着优秀民族传统和广泛学科基础的数学,也已经退出世界大奖的席位。虽然多年来,中国学生也曾获得过不少奥数金牌。

探析中国教育创新人才培养的成败得失,这一宏大话题不是一篇短文所能胜任的。本文所关心的,是在创新性人才培养的过程中,我们基础教育工作者能做些怎样的努力,以怎样的心态作努力,以及在不同工作状态下教师自身劳动的不同意义。

著名数学家彭加勒曾将数学研究中的洞察力同"情感的感受力"联系起来:"可能令大家奇怪的是,情感的感受力能唤起相关的数学推理,而后者似乎只能对智力发生作用。这就会使人忘记数学的美,数字与公式之间的和谐以及几何图形的优美。这是每位真正的数学家都清楚的审美感觉,而它也确实属于情感的感受力。"这样的例子可以举出很多。概括地说,从创造性人才产生的条件看,创造个体的审美修养是创造性产生的温床。曾有创造学者提出,对创造力有重大影响的三个因素为动机因素、智力因素和个性因素。这三种因素无一不与审美修养有关。

先说动机因素。美感修养可以强化人的探求未知的动机。创造性人才需要有强烈的献身事业的精神，需要有专注的注意力。这种"注意力"和"献身精神"固然有为人类造福、推动社会进步的崇高品格在起作用，但同时，那种追求规律、追求和谐、追求秩序的内心渴望也是十分强烈的。许多科学家为了发明创造，可以忍受常人难以忍受的困难和痛苦，甚至不惜冒着生命危险；还有的科学家在研究过程中常常入迷、如痴如醉，其奥秘就在这里。这种对规律、和谐、秩序、统一的渴求正是对美的渴求。美的事物必然是和谐、有秩序、变化而又富于规律性的。

再说智力因素。众所周知，人的大脑分为左右两个半球，即人们常说的理性的脑和感性的脑。要开发创造性，就不能忽视开发右半球的想象力、直观的悟性。而这右半球的想象力、直观的悟性正与美育关系密切。幻想、联想、直觉悟性的培养，只有通过文学、艺术的长期熏陶才能达到。达·芬奇、爱因斯坦等许多大科学家虽然并不从事艺术创造，可是却具有很高的艺术造诣和美感修养。钱学森先生在著名的晚年谈话中，反复强调："科学上的创新光靠严密的逻辑思维不行，创新的思想往往开始于形象思维。"他自己就是既懂得绘画、音乐、摄影，又读过许多像普列汉诺夫的《艺术论》之类艺术理论方面的书。钱学森认为，这些东西对启迪一个人在科学上的创新是很重要的。

个性因素常常被人们所忽视。创造性人才的个性特点往往表现为自信、敏感、内心孤独、蔑视常规等。而美育正是要通过多种形式的活动，用美的甘露滋润学生的情感，养育学生的情操，培养他们爱美的天性，丰富他们敏锐的感觉，尊重他们的个性，保护他们的童真。国外的创造学者甚至细心到区分男女性差别的文化特点，他们认为对中小学教师的配备，应该注意到男性教师和女性教师的平衡。

反观我们曾经如火如荼的各种奥赛，我们在发现超长儿童实施培养计划过程中，可曾注意过这些与竞赛专业技能没什么必然关系的情感、动机因素？我们在一轮又一轮的竞赛培训之外，是否曾在竞赛动机、专业意识乃至意志品质方面做过努力？我们是否在三番五次的解题训练之外关注过他们的个性特点、业余生活和兴趣爱好？尤其重要的是，我们有没有在教学过程中挖掘、展现和传达出学科魅力乃至学科本质之美，让这些超常少年深深地迷恋上你的学科？总而言之，我们是仅仅把目光紧盯在那块闪闪发光的获奖金牌上，还是把选手看作富有创新潜质的人才去培养和塑造？是急功近利只为摘取那颗能给学校和个人带来无数附加值的奥赛金牌，还是让学生像一个科学领域的探险者一样一路涉险览胜惊叹感喟？出发点不同，培养过程中的策略、路径会有悬殊，教师的劳动体验和精神收获也会迥然有别。

就在本文写作之时，我又读到媒体上一则有关奥赛的报道。在2011年春节之前的一次会议上，素以奥赛金牌闻名全国的北京人大附中校长，因受到社会的种种责难而不禁失声落泪，发出了"奥赛不是魔鬼"的强烈抗议。在对这位校长满怀同情之余，我想说的是，奥赛是不是"魔鬼"，要看你为什么做奥赛以及如何去做奥赛！奥赛可能是培养创新人才的"天使"，也完全有可能成为扼杀人才窒息创造的"魔鬼"。而在目前教育体制僵化、招生竞争激烈、功利意识甚嚣尘上的大背景下，要真正把奥赛办成培养超常少年、造就创新人才的非常之举，是需要一种真正教育家的视野、胸怀、素养、胆略和气魄的！

好一道沉重的作文题

朋友约我为《语文报》出一份高考模拟试卷。为了找一个新鲜的作文题，我到处翻材料，仍然没有如愿。忽然想起了以前看过的一则材料,是说知识分子的人性问题,大概意思是说很多知识分子当年帮纳粹干了许多坏事。详情记不得了,于是用百度去搜。网络真好,很快,材料出来了。

有一个美国的中学校长,他曾经是纳粹集中营的幸存者。只要新老师到学校,他都要亲手交给新老师一封信,信上写道:"亲爱的老师,我亲眼看到人类不应见到的情景。毒气室是学有所长的工程师建造,儿童被知识渊博的医生毒死,幼儿被训练有素的护士杀害。看到这一切,我怀疑,教育究竟是为了什么?我的请求是——请你帮助学生成长为具有人性的人。只有在使我们的孩子具有人性的情况下,读写算的能力才有价值。"

好了,就是它!我立即敲定:请以"知识的价值"为题,写一篇文章。

卷子交出去了,我的心却因为这道作文题一天天沉重起来。我首先想到的是,这道题目深不深?高三学生能有话说吗?能说到点子上去吗?几次想给编辑发信,换一道容易的题目,但总是坐到电脑前之后,又改变主意了。咬咬牙,随它去吧!我实在舍不得换下这道颇具思想内涵的题目。好像一个教练员,用上了一名自己偏爱的干将,即便有些不合适,也舍不得拿下。好在只是一般模拟题,不是真正的高考考试用题。

让我心绪激动的更深层的原因,是我自己成了作文者。我在想:让我来写知识的价值,我该怎么写?不想不知道,一想吓一跳!人要有知识,更要有人性。人的善良、正义、真诚的品质比知识更重要。换一句话说,人没有了灵魂,知识会使他变成魔鬼。知识,并不就是真理的化身,并不是任何时候都有意义和价值的!让我震惊的原因,是我们从事教育职业的人，是不是都明白了这个道理？或者，道理虽然明白，但实际工作中有没有、能不能、会不会一以贯之地实施这种精神和原则？再或者，即便我们能够理解并施行这个精神和原则，我们会不会屈从于现实中的种种压力和包围？毕竟，现实和理想还有相当大的距离。我们老师也生活在社会中，还必须面对方方面面、许许多多合理的或不怎么合理的期待和追问。

总之，我们有一千个理由为我们现在的种种行为作解释和开脱。但是，当我面对这则材料，还是难免浮想联翩，心潮难平。纵使新课程有这样那样的不足和缺陷（我也对其中很多故弄玄虚的东西不满），但它强调知识的情感态度，强调知识的价值观，强调把学生当做人而不是容器来看待，还是非常正确和切中时弊的。教育过程中"只见知识不见人"的现象，是应该引起我们足够的反省和重视了。但是，要改变起来，又是多么地不容易啊！从思想观念，到行为方式……阻力不仅来自环境，其实也来自我们自身的惯性。有时，思维的惯性之大，连我们自己也没有觉察清楚，几乎是下意识的。

由此，联想到常常萦绕心怀的读书人、文人和知识分子问题。只要进过学校读过一定书（今天的条件下，大专以上就可以了吧！）的人，都是读书人。但是，不能就因此称之为文人，似乎也不能就因此称之为知识分子。章诒和在《炎黄春秋》上写过一篇《和温总理谈心》的短文。章诒和读了温家宝总理和文艺工作者的谈话之后，很激动，也写了一篇文章和总理谈谈心。其中心内容是谈她对"文人"的看法。章诒和写过《伶人往事》，对一些文艺界名流（如马连良、谭鑫培、梅兰芳等人）很熟悉，知道这些人的生活情况。章诒和认为：文人是可有可无的一群边缘人，自由是他们的底色，追求自由是他们的特性。文人可以放荡不羁，可以胡言乱语，可以傲视权贵，可以纵情，可以颓唐（当然，不能堕落）。例如，解放初马连良、谭鑫培、梅兰芳等人可以不劳动，劳动了就没法在舞台上展示"兰花指"了；也可以抽大烟（当然是自己的钱），否则他们就提不起精神、进入不了他们的那种本真境界。章诒和的结论是：少管这些人，让他们自由一些，对文艺有好处。大约，这些人就可以称作文人了。由此，可以看出文人的一些特征：有钱、有闲、有情趣，当然，也有学问、有本事。

那么，什么是知识分子呢？我曾在一篇谈鲁迅的文章里大致说了一些。有责任心，有家国意识，忧国忧民，以天下为己任，并不仅仅关心自己的私利，即通常人们说的"知识分子是社会的良心"。可见，就好像并非所有读过书的人都是文人一样，也并非所有读过书的人都是知识分子，哪怕他上过大学！这里，最重要的一条就是——责任，社会责任！只有富有社会责任感的人，方可称为知识分子。鲁迅堪称知识分子的楷模！知识分子也要有自己的自由，更多的是精神自由。陈寅恪就说过"最是文人不自由"，这里的自由主要是指精神自由。

文人和知识分子之间，有共性也有个性。共性当然是都有杰出的学问。区别也是明显的，文人关注的更多的是自己闲适自得的生活状态，知识分子关注的更多的是社会的公平正义。他们是社会两个不同的知识群体，都有价值。缺少哪一翼，社会都会不平衡。

实事求是地说，在现今社会，读书人越来越多，高等教育越来越普及了。但是，真正的文人和知识分子却越来越少了。究其原因，是社会提供给读书人的空间还不够，经济的空间、精神的空间……常常想起20世纪30年代的林语堂。当时的大学教授林语堂，因为喜欢中西文化，所以有两套别墅——一套中式的，一套西式的。佣人有三个——一个做粗活，一个做中活，一个做细活。今天，有哪个名教授能比？没有足够的经济和精神空间，就少了企及那种境界的基础。

当然，也不完全是基础的问题，这其中也包含着个人的价值取向。同是名人教授，鲁迅选择了知识分子，而周作人选择了文人的道路。前者要做社会的斗士，后者只愿做苦茶斋的主人。国学大师陈寅恪选择了知识分子，一生争取精神自由、学术独立，在两眼失明的逆境中凭口授由人记录，完成《柳如是别传》、《论再生缘》等著作，终成一代大师；而其七弟陈方恪却只愿把三级教授的丰厚收入用来沉湎酒色，自得其乐。春江冷暖，其心自知。而要说起对社会的贡献和影响，自然是知识分子要大得多了。

我们追求培养什么样的人？当然不能仅仅培养"读过书的人"，而应努力多培养一些富有社会责任感的现代知识分子。这样，才能突显教育对社会的贡献。至少，也应该让他们有理想、有爱心、有追求、有正义感，而不是仅仅拿读书作"敲门之砖"。那样，我们的教育就回到了科举制度废除以前的境地了。

"教八股"扼杀创造力

读了《中国青年报·教育导刊》3月22日刊载的山东淄博市周村区市南路小学取消假备课的报道后，不禁为蔡校长的远见卓识叫好！

本来，备课作为教师授课前的一种文字准备，是教师设计教学蓝图、创造教学艺术的一个基础环节，是非常重要的。但由于长期以来形形色色的督导检查中，过分注重教案的程式化，使教师不得不违心地在备课中"掺假"。例如，有的教育督导组在督导检查中，把教案分成三六九等。这样，教师每次备课时，都得考虑各个环节是否齐全，从目的要求到重点难点，从教学程序、教学方法到教后感想。这些环节不能说全都不重要，但是不是每节课都需要这样？不同学科有差异，同一学科不同内容有差异，不同课型有差异，是不是都能用这一模式去套？教师没有办法，只好去作假。不少内容，只好从教学参考书和各种教案中抄抄凑凑。这样，看起来非常全面精美，但常常是写在教案上的不需要讲，需要讲的又不在教案上，还得重新在书本上圈圈点点，勾勾画画，其结果是助长了教学中的形式主义。本来需要严肃认真对待的教学设计却变成了敷衍应付，本来需要着力钻研的教材分析却被一些"花架子"所掩盖湮没了。这样，怎么能提高教学质量呢？受着这形形色色的框框的限制，教师又怎么敢放开手脚去搞教改？我们教师的祖师爷孔老先生当年培养出"三千弟子，七十贤人"。时至今日，不知他老人家的教案能得分几何？可以说，"假备课"完全是形式主义的检查督导"逼"出来的。蔡校长果断取消假备课正是对形式主义的当头棒击。

假备课的恶果，不仅仅在于助长了教学中的形式主义，而且也给教师带来了沉重的身心负担。本来，对于已经用过的教案，再在上面修改增删一番，不仅可以节约时间，而且便于不断总结创新，对于提高教学水平是很有益处的。但是，督导检查一定要看是否用新写的教案。于是，只好花费大量时间重新抄写，而且，字迹要工整，否则影响评分。这样，本来应该用来修改教案、批改作业、钻研业务、教育学生的时间，就在这年复一年、日复一日的"抄写"中白白流失了。长时间低层次的单调乏味的重复劳动，其结果不仅浪费了教师的精力，尤为严重的是扼杀了教师的创造欲望，导致教师产生对工作的厌倦心理。教学是一种创造，备课作为教学设计，应该充满创造的情趣，而现在却变成了"教八股"。这样，还有何创造乐趣可言？取消"假备课"正是对时间的重视，对效益的重视，更是对教师创造性劳动的重视！

当然，取消假备课，不是不备课，而是备真课、备实课。蔡校长的做法是：老师把授课准备内容写在课本上，同时，让老师经常作课后记录，记载教学的心得体会。这可以说是备课的形式之一。目前普遍使用的在备课簿上写教案，也仍然是一种必要的形式。关键的问题是，不应把对教案的要求搞得刻板统一，更不能单纯地把教案写得如何作为评估教师的依据。教师的舞台在课堂。评估教师最高明的方法是走进课堂，看教师是如何在讲台上发挥聪明才智、提高课堂教学效益的。教师的上帝是学生。评估教师最权威的依据是听取学生的反映（包括看作业），看教师在学生身上倾注了多少心血。如果仅仅从教案中就能看出什么，那么早就应该有最具权威的教案范本出版，可惜没有，一本也没有！

附记

  这是我写于近20年前的一篇教育短评，刊载于1995年4月6日的《中国青年报》（署名淮风）。时隔20年，今天重读旧文，不禁唏嘘再三，觉得现实意义仍在。形式主义的备课之风，在新形势下又以形形色色的新花样出现。首先我想说的是，认真而充分地备课，是做好教学工作的最基础的准备环节；课备得很充分，不一定就能上好课；但是不认真备课，就一定上不好课。作为教师，都应该明白这一点。同时我也想说，在教案检查方面，宜粗不宜细，宜少不宜多，宜疏不宜密。作为教学管理的一个常规环节，对教案作必要的检查无可厚非，但要适可而止、因人而异，千万不要简单化、一刀切，更不要把教案检查提高到不适当的高度。以为不检查就是失职，就是没有管理，检查了就万事大吉、就是管理到位。其实，教师课堂上的水平发挥、教学效果以及备课的认真程度，仅仅从教案上是看不出多少名堂来的。教学工作是一件创造性极强的工作，也是一件极大依赖教师主观能动性的"良心活"。比较有效的管理方法还是多走进课堂听课，还是多听听学生的反映，这是比教案检查要切实得多的管理方法。

  一位教育学者说，教育往往被各种任务、指标遮蔽了。因此，研究教育，最需要的是倾听、观察、记录和描述，研究教育就是

"回家",回到教育,回到细致、持久的省悟之中。我以为,研究教育如此,管理教育也是如此。管理者管理教育也要"回家",也要从各种任务、指标中走出,从各种简单化的评估检查中走出,并且给需要帮助的教师以切切实实的关心和指导。如此,则不仅给教师以专业成长和发展提供大的空间,也为教师的职业生涯创造宽松和谐的氛围,有益于教师,更有利于事业。

教育家成长的土壤和气候

自从温家宝总理提出要"教育家办学",近些年各地形形色色的"教育家培养工程"雨后春笋般地涌现出来。应该说,这是好事。首先,这样的培养机制会让一批教师从中培训获益,或多或少地加快了成长步伐;其次,也意味着全社会对教育的重视,特别是对教育规律的尊重,明白办教育需要懂教育的人,而不是政府部门随便任命一个人就可以指挥教育;再次,也凸显了政府对教育专门人才或者说教育专家的尊重,传达出社会对教育专家的需求、呼唤乃至变革教育现实的期待。

但是,这样的培养过程是否有效,却仍需冷眼观察。换句话说,怎样才能培养出真正的教育家,怎样才能真正出现教育家办学的良好局面?可能仍然是一个需要认真思考的问题。

不妨先从问题的另一面说起。是什么影响了教育家的出现,是什么妨碍了教育家办学局面的出现?只要对教育现实稍有了解的人都知道,不是我们办教育的人不努力,不是我们做教育的人少智慧,也不是我们庞大的教师队伍中没有教育家型的人才。

问题出在管理体制和机制。从管理体制到管理机制,仍然是用行政化模式在管教育。要出现教育家办学，最重要的是要建立科学的管理体制和机制。如同经济工作中政府的"缺位"、"越位"、"错位"一样，目前，教育行政部门对学校管理的"缺位"、"越位"和"错位"仍然很普遍。"缺位"就是不到位，表现在没有真正把全面贯彻国家教育方针和各项教育法规的工作管起来。"越位"就是把学校当做行政部门来管理，该管的没有管起来，不该管的管了一大堆。"错位"就是评估机制不健全，评估标准不全面（或者表面全面实则片面），眼睛总是一味地盯着"升学率"，其后果必然是急功近利，影响人才的整体素质，影响教育的持续健康发展，也势必影响学校的办学行为。政府应该做的，是强化教育督导，规范教育行为，以教育方针为准绳，纠正盲目加班加点、作业负担过重、乱补课、不按计划开设课程、以考试成绩衡量校长奖惩教师等明显违反教育规律的行为。如此，才能从行政层面上为教育家办学创造一个良好的氛围。

管理机制制约教育观念。真正的教育应该时时刻刻尊重人、关注人，关注人的发展，关注人的生命成长。而在教育现实中，常常是见分不见人，学生成了学习和考试机器，成了政绩天平上的"砝码"，这就必然缺少了对"人"的尊重。现实生活中的教师乃至校长，往往背着沉重的升学压力，难免做出急功近利、违背教育规律的事。而在教育生活中，一旦忽视了人，忽视了人的成长和发展规律，哪里还有教育情怀和教育智慧生长的空间？没有了教育情怀和教育智慧的生长空间，学校成了水土流失的板结地带，教育家岂不是成了无本之木、无源之水？

既然问题的根子在体制。那么，解决问题的关键当然应从体制机制入手。其实，有识之士早就对此提出过批评建议，教育部门的领导和教师也都有切肤之痛。那么，为什么教育积弊会依然故我，甚至愈演愈烈呢？我以为，这里面大概还有个改革的胆识和方案的顶层设计问题。

先说改革的胆识问题。固然，教育问题涉及千家万户，牵一发而动全身，十分敏感而且复杂。但是，一些人所共知的问题还是完全有可能做出成效的。例如，已为人们议论多时的中高考报名社会化问题，应该是让升学率和学校彻底脱钩、为学校营造宽松办学环境的治本之策，但是，却迟迟不见动静。是改革就要冒风险，四平八稳的事就不叫改革。没有对教育事业强烈的事业心和责任感，没有对教育痼疾的切肤之痛，也就难以作出重大改革的决断。相反，在那些考试科目、组合方式、教材选择、命题权等无关紧要的问题上，各地改革热情却出奇之高，同时也问题频出。这恐怕已经不是改革胆识所能解释清楚的问题了。

再说改革方案的顶层设计问题。必须从破除僵化的管理体制和去行政化入手，让校长和行政体制相对"绝缘"，让形形色色的附属机构和行政体制相对"绝缘"。校长不再是某个级别的行政官员，而应该是一个职业的教育管理专门人才，其中优秀者就是教育家。有了这样的管理体制，校长才可能潜心治校，把学校真正作为事业去经营，不必成天疲于应付方方面面的"检查""指导"，也不必考虑三两年挪动一次"位置"。同时，让教师也能对由谁来"治校"有些真正发言权，这样校长也才会真正遵循教育规律去管理学校，一心一意地依靠全体教职工，把学校建设成为名副其实的教育共同体，让教师在教育共同体中施展智慧，迸发出巨大的劳动热情和创造激情，过一种如朱永新教授所说的"幸福的教育生活"。在这样合宜的土壤和气候中，优秀的教师群体自然形成；水涨船高，优秀的教师群体之中，教育家也会自然涌现。

当然，让教育家办学，最终受惠的还是学生。教育家办学，让校园充满浓郁的诗意，让孩子有一个终身难忘的童年。归根结底，是为了让今天的校园花朵成为明天的参天大树，涌现出大批富有创新意识和创新精神的杰出人才，这才是我们呼吁教育家办学的根本宗旨。时代在呼唤教育家，呼唤教育事业革故鼎新，呼唤教育承担起一份庄严的历史责任。教育，真的是到了该大刀阔斧地改革的时候了！

"母校"的神圣和庄严

若干年前，我曾经有感而发写过一篇短文。文章没有发表，但其中的一段话还记忆犹新，并且似乎还有再说一说的必要。先引几段那篇文章中的话：

两三年前（距今应该是十来年了），南方一家在全国有很大影响的报纸曾报道说，一所某全国高考名校的毕业生，在网上发"帖子"，列举了大量事实，称自己的母校为"美丽的人间地狱"。并且，这个显然有些偏激的"帖子"还赢来了很多同学的呼应。如果母校成为"地狱"，那么曾培养他们成才的老师是什么？还好，手下留情，"帖子"没说。此事在社会上闹得沸沸扬扬，而我们的教育却一直装聋作哑，充耳不闻。其原因是不是在于：这原来是个很为普遍的现象，人人心知肚明、心照不宣……

这是一个危险的信号。教育生态环境的恶化，是一个不能不引起重视的问题。教育本该充满诗意，教师的劳动本该充满创造，学生的学习本该充满乐趣，可现实呢？是学生把学习当做劳役，像一首校园歌谣唱的："我成了世界上最苦的人"。教师把工作当做谋生的"饭碗"，失去了工作应有的劳动热情，更不用说创造的激情了。教育，也就无诗意可言了……

几年前，作家梁晓声倾赤子之诚捧出了《论教育的诗性》。其实，那与其说是对教育诗性的赞颂，不如说是对教育诗性的呼唤。这种呼唤出自作家而不是教育家之手，已经是一件令人脸红之事；

更为遗憾的是，这个声音好像根本没有引起教育界的重视，教育界对此好像没有引起任何反响。教育，是不是已经麻木了？我们是否应该反思：在今天市场经济的大背景下，应该怎样去重视教育？教育需要我们怎样去重视？怎样的重视才有益于教育事业的繁荣和发展？

今天再读这几段文字，仍然能感受到当年的那一股激情和意气，同时也多了一份理性和平和。客观地说，教育生活中存在许多"伪教育"现象，其中很多却是历史行程中的必然。我们还处在现代化的初级阶段，大多家长们还指望孩子通过高考竞争跳出"农门"，不少人也正是在激烈的升学竞争中找到社会阶层的上升通道从而改变命运，一味地对违背素质教育现象作"愤青式"谴责，其实并不够全面和公正，也无济于事。教育改革和社会改革甚至政治体制改革息息相关。在体制性障碍消除之前，这种现象无法根本改变。那么，我们怎样才能不辜负"教育"、"教师"、"母校"这些神圣而庄严的字眼呢？

于是，又想起了作家梁晓声那篇令我们教育工作者脸红的《论教育的诗性》。

一向觉得，教育二字，乃具诗性的词。它使人最直接联想到的词是——母校、学生时代、师恩、同窗。还有一个词是同桌——温馨得有点儿妙曼，牵扯着情谊融融的回忆。

学校是教育事业的实体。学生将自己毕业的学校称为母校，其终生的感念，由一个母字表达得淋漓尽致。学生与教育这一特殊事业之间的诗性关系，无须赘言。

没有学生时代的人生是严重缺失的人生，正如没有爱的人生一样。

教育二字，令我们视而目肃，读而声庄，书而神端，谈而切切复切切。

对于每一个具体的人，左右其人生轨迹的因素尽管多种多样，然而凝聚住其人生元气不散的却几乎只有一件事情，那就是教育的作用和——恩泽。

之所以不厌其烦地引用梁晓声的原话，乃是因为到现在，我们依然找不出对教育有更深更好的理解和表述。梁晓声的话绝不是出于作家的夸张和矫情，而是凭借个人的直觉和经验，对教育作出的感性诠释；在这种美好而感性的文学语言背后，有着坚实而深刻的理性支撑，那就是教育理应富有诗意，充满诗性，走向美！这里的"诗意"、"诗性"和"美"，不应作肤浅庸俗的简单化解读，而应当指向所有的教育艺术或者说教育之美，实际上就是一切尊重和符合教育规律，也就是人的成长规律的教育行为。

俄国教育家乌申斯基说："我们抱着一个坚定的信念：教育这一门伟大的艺术刚刚才开始，我们站在这门艺术的门口，尚未升堂入室，并且一直到现在人们对于教育还没有给予应有的注意。"教育这一门伟大的艺术究竟"伟大"在何处？要义和秘诀就在于，教育是在和人打交道，是和人的成长活动连结在一起。学校的每一项活动，教师的每一节课，教室的每一个瞬间，同学的每一回交往，甚至校园的每一处风物……都会不知不觉地融入孩子和少年的生命记忆，成为成长旅程中不可逆转、无法复制、一去不返的"风景"。你无法说清是哪片阳光、哪次雨露、哪轮风霜和雷电成就了一棵大树的年轮，但是，你无法否认，年轮是大树最深刻最鲜明最有依据的生命记忆、发育过程和成长密码，而我们学校教育活动的一切，包括宏大叙事也包括细枝末节，就是那阳光、雨露、风霜和雷电。耳濡目染，潜移默化，生命就这样一天天地拔节、抽穗、灌浆、饱满直至成熟。所以，当他们有一天蓦然回首时，才会发现，学校、老师、同学原来给了自己那么多成长的养分；学校就是他们精神发育、生命成长的母体。于是，所有的感激和敬爱凝结成最美好的元音，"母"字进而组成最美好的词"母校"，而我们老师，总是和母校血肉相连地连结在一起的。正是一个个老师的具体形象，叠加成了母校的形象。

所以，我要对作家梁晓声表达一种诚挚的敬意和感谢！谢谢他以文学家的敏感，从文字的本源悟出了教育的真谛，令我们警醒，催我们反思，让我们悚然一惊：我们的学校不能离"母校"越来越远，不能愧对"母校"的神圣和庄严！

谁应该成为校庆的主角

新疆农二师华山中学举行50周年校庆，我有幸躬逢盛典，而且感想颇多。

感想之一：学生成了校庆的主角。庆典的那天上午，来宾参观校园。我们从踏进校园的那一刻起，一直到中午结束参观，都没有见过一位学校领导，也没有见到过一位教师，全程都是佩戴服务标识的学生在引导、介绍和服务。先是在广场上集合，由手持喇叭的学生在给我们分组；然后是学生引导员带领我们参观校园，华山、渤海（校园景观，为纪念农二师的军队历史而建)、体育馆、运动场、图书馆、阅览室、艺术馆、实验室、生态博物馆……走进哪里，都有仪容端庄、笑意盈盈、热情大方、礼貌得体的学生讲解员作详尽解说。校庆，成了学生一次难得的社会实践课堂，不仅经受一回待人接物方面的历练，而且每处负责讲解的学生在相关专业知识上也得益颇丰。我粗略一算，仅参与接待的学生就有500名之多，如果加上中午参加庆典演出的学生演员，大约华山中学90%以上的学生都参与了校庆服务，学生成了校庆名副其实的主角！

我们常说要发挥学生的主体作用，其实，学生主体作用的发挥不仅在课堂，学生主体的形成步履，贯穿于教育活动的全部过程。在教育活动的主阵地——课堂，学生以一个积极参与者的姿态，投入知识建构的过程。教师要确立学生是一个独立的"人"的地位，把学生当做活生生的生命体。重视知识本身蕴涵的濡养人格、滋润心灵的因素，要让知识保有生命的体温、保有感情的润泽。在课外教育活动中，也要努力创造机会，让学生成为活动的当然主体，呈现出完全不同于课堂的色彩斑斓、个性飞扬的状态。在丰富多彩的课外教育活动中，学生会呈现出生命主体的内在力量：飞扬的个性、生命的活力、可爱的品性、稚嫩的创造等比课堂上更加动人和强烈的生命活力。

这其实折射出一种重要的教育理念。人们总喜欢说，教育要为学生明天奠基；但我还要说：校园，是学生人生开始的地方！

感想之二：为老教师献花。这是尤其让我感动、令我动容的节目。中午12点，庆典在大礼堂隆重举行。庆典的第一个环节，就是为在华山中学工作满30年的老教师献花。十多位两鬓斑白的老者在服务人员的搀扶下颤巍巍地走上主席台，由学校历届老领导为他们每人献上一束鲜花；台下，响起一阵雷鸣般的掌声。我想，这些老教师是最有资格接受这鲜花和掌声的人。当初，这些创业者们在几间简陋的"干打垒"

里筹建起了兵团的一所基层学校,如今已发展成为闻名全疆的全国重点中学,筚路蓝缕,几多艰辛!支撑学校发展的最重要力量应当是教师,这些老教师应当是华山中学50年校史上教师群体的代表。我在想,近些年,各地很多学校都相继进入八十、九十乃至百年校庆的周期,可能每所学校的校庆都各具创意、别出心裁,那么,不知是不是每所学校的校庆都曾安排过类似的环节?我真的衷心希望在每一次校庆的隆重典礼上,都有教师代表尤其是退休的前辈教师登台领奖。学校发展凝聚着许多人的心血,但最不该忘记的其实应当是教师。

这其实也折射出一种重要的教育理念。谁是学校的主人?近些年,终于听到了教育界传出"教师第一"的声音,但真正做到这一点的又有几人?只有真正把教师摆在学校工作的首位,真心实意地把教师视为学校发展的决定因素,才会有学校工作的健康与和谐发展。应该说,华山中学的领导,至少在这次校庆盛典中是做到了"教师第一"这一点。

那次校庆也有一点小小的遗憾。不知是不是我的孤陋寡闻,好像一直没有看到(听到)详尽的校友情况介绍,印象中只是安排一位已经成为教授的校友代表上台发言。我想,50年间从华山走出去的校友一定是一个可观的数字,遍地桃李,有所建树的校友也一定不在少数,即便是普通劳动者,他们身上也一定有很多可歌可泣的事迹。利用校庆之机,予以宣传、表彰以资鼓励,对在校学生应当是一次鲜明生动的传统和理想教育。

在此还想表达一点与华山中学校庆无关的题外话——校庆,我们应当邀请怎样的校友?当然,那些校友中的杰出人才、成功人士,理所当然地应当受到母校的青睐,给予一些必要的礼遇,这也是人之常情。毕竟,他们是母校的骄傲与光荣。但是,凡事皆有度。一旦褒扬失当,或者过分地厚此薄彼,让普通校友感觉受尽冷遇甚或不公,那么校庆也会产生一些负面影响。多年前看过杂文家吴非的一篇文章,至今仍记忆犹新。文章尖锐地批评道,想当年,大家寒窗为友,一块烤白薯都要"与朋友共",而一旦入了等级社会,做了官,有了职称,人与人之间竟然也就被划出一道无形的鸿沟。只因为级别职称不同,就非要分三六九等,多令人伤感!作者疾言厉色地指出,只要有这种把校友分三六九等的意识,非但不配讲人文精神,作为学校,应该关门。于是,作者发出慨叹:"母校在我心里已经死了!"话虽有些偏激,倒也道出了校庆中普遍容易出现的弊端。

  说到底,这里其实也有一个观念问题。如果我们稍稍注意到普通校友的心理感受,如果我们对所谓成功校友的宣传注意分寸,留有余地,如果我们对什么是成功的理解全面些、宽泛些,不要把目光仅仅聚焦于那么几个热点、焦点,或者甚至我们也隆重请来几位优秀的普通劳动者作为校友代表坐上主席台,那么,这样的校庆,可能容易更多地得到校友们的关注、热捧和"给力"。有一个流传甚广却没有得到证实的故事:美国总统的就职典礼上,很多记者围住了总统的母亲,想问他对自己儿子当选总统的看法。总统的母亲很激动,她告诉记者:"我的大儿子当选总统,我非常的自豪,而我还有一个儿子,他在家挖土豆,我同样也为我的小儿子自豪。"在这位伟大母亲的心中,儿子都是平等的;那么,在我们母校的心中,是否应该有这样的胸怀和气魄:校友,都是平等的!

"教学沙皇"还是学术民主

  几年前,笔者在某杂志上看过一篇文章,印象极深,至今难忘。那篇文章有一个醒目的标题——教研员要成为"教学沙皇"。文章的大意是说在新课程改革中，教研员要用绝对权威推动新课程改革云云。当时觉得文章命意虽好，但说法颇值得商榷。新课程改革需要用"铁血沙皇"的手段去推动，恐怕其结果不会太妙；但时过境迁，一直没有成文。

今天重提此事，却并非纠缠于推动课程改革的策略方法等。我所关心的是，在某些掌握一定行政权和话语权的教研领导那里，内心深处是不是真的存有或浓或淡的"沙皇"意识？其表现是，唯我独尊，自命不凡；真理在握，一言九鼎；一言不合，"小鞋"高悬。产生这样的"沙皇"心理，其实是有着深厚的现实基础的。毕竟，作为一方土地的教学"诸侯"，手里掌握的评判教师的权力还是很大的。可以送你一个什么"光环"什么头衔，可以给你一个什么机遇什么荣耀，可以让你登上一个什么讲台什么座次；对于年轻教师，还可以卡你的职称或者什么称号等，不一而足。不只是现实基础，思想根源也其来有自。中国本是一个封建传统十分浓厚的国度，权力意识根深蒂固、深入骨髓，一朝权在手，便如阿Q一般恣意一切昏昏然飘飘然。因此，天长日久，有些人忘乎所以以为自己真的就是地位至高无上、水平能力也真的至高无上的一方神圣了，于是，"教学沙皇"意识便潜滋暗长起来。

或许，具有这种权威意识的人，还不止是教研领导，凡是在一方土地上弄出个什么动静博得个什么头衔混出个什么局面的人，都会或多或少地产生此种心理。例如明明是群众活动民主研讨，总有人开口即君临天下而且一剑封喉；明明是学术会议自由争鸣，总有人喜欢唯我独尊而且不容置喙；遇到青年教师什么新的探索新的尝试，便如"九斤老太"一般什么不行什么不对什么不合，全然忘记自己也曾年轻过也曾六斤七斤过并不是落地便是九斤……如此种种，亦即潜"沙皇意识"之表现，权威心态一览无余。权威心态源于权威人格，权威人格也称为专制人格。此种心态或者人格其实有两种极端表现，一种是对自以为比自己

"弱"的人，表现为夸耀、排斥和拒绝；另一种是对比自己优越或者地位高的人，表现为卑躬屈膝、绝对服从。两种表现一个本质，就是没有或者说不会平等待人，没有独立人格。一句话，还是陷在封建专制传统中而缺少了点现代意识和现代人格。

现代意识或者说现代人格的核心是平等，是尊重，是对话。尤其是在学术和业务活动中，更加需要这种平等对话和交流。真理并不"法定"在谁手里，大家仁者见仁智者见智，即使你是领导你是专家你是权威，也应该而且只能表达你的观点，没有一定要大家接受和遵从的权利；哪怕是对于错误的观点对于不妥的说法，也应该而且只能平等地表达你的意见，让大家择善而从。因为，学术永无止境，真理不会终结。谁也不能说自己就是真理的化身。"我坚决不同意你的观点，但我誓死捍卫你说话的权利！"伏尔泰的这句名言应该成为学术和业务活动中大家共同遵守的准则。

这其实也就是学术民主的问题。提倡学术民主，营造宽松氛围，大到学术研讨会，小到一个教研组活动，都是如此。让大家在和谐民主的气氛中，畅所欲言、各抒己见，讨论甚至争论都不要紧，这样的环境才有利于教学业务的进步和专业的发展，尤其是有利于青年教师的发展和成长。

如果万马齐喑甚至动辄得咎，谁还会独立思考，谁还敢锐意创新？长此以往，课堂千人一面，教师千人一腔，教学没有个性，课堂没有生机，大家抱着一本教材一本教参几套练习册，窒息的是教学生机，贻误的是教师发展，危害的是教育进步。

学术民主不仅需要领导、专家、权威们平易近人，"蹲下"身子，也需要青年教师自我意识的觉醒。记得曾读过这么一则材料：一名青年教师要参加一个教学大赛，一群"专家"帮她出谋划策，结果弄得这位青年教师无所适从、莫衷一是，虽然在大赛中拿了一个不错的成绩，但自认为十分沮丧,因为在课堂上已经失掉了"自我",自己只是一个木偶,课是大家帮她备好的。其实老师面对来自各方面的意见,哪怕是专家的意见,也要有自己的鉴别力和主见。因为,课堂最重要的还是要融进你自己对教材、对生活的理解和认识,不能因为别人的意见而迷失了自我。

当然,问题还有另一面。学术民主的要义还在于相互尊重。对于来自领导、专家、同仁的意见,老师们也应该虚怀若谷、海纳百川,有则改之,无则加勉,切不可一意孤行、固执己见、我行我素,把偏执当个性、嫌良药太苦口,那样显然也不利于自己的进步和提高。应该说,青年教师尤其应该注意这个问题。

"光环"种种

一次,一位也是当教师的朋友好奇地问我,特级教师有的是省特级教师,有的是全国特级教师,这是怎么一回事?我一怔:什么全国特级教师?朋友看出我的困惑,解释说,你看,媒体作介绍时有的是全国著名特级教师,有的只是省特级教师。我释然,告诉他,特级教师的评定方法只有一种,就是由省里组织评定,由省人民政府颁发。从评定程序上讲,没有全国特级教师之说。对于那些知名度高、成就大的教师,如果别人出于尊重或者礼貌,冠之以"全国著名(或者知名)特级教师"是可以理解的,但自我介绍时如果这样说则不是很合适。至于为什么有的要写上某某省特级教师,那也不是表明其人全省知名,而可能是作介绍时的一种郑重其事,因为这个荣誉是省人民政府颁发的。仅此而已。

事后我在想,一个小小的荣誉称号,连身在学校的教师都产生如此疑问,不知教育圈外的人们对我们的教育还有多少这样那样云里雾里的困惑?于是我想到了一件与此不相干但却可以互相比照的事。我不懂经济,但有一个经济学论坛的名称却一直吸引我的视线。这就是 1998 年在北京发起组成的学术群体"中国经济 50 人论坛"。论坛聚集了具有国内一流水准、享有较高社会声誉并且致力于中国经济问题研究的一批著名经济学家:吴敬琏、樊纲、林毅夫、易纲、吴晓灵、胡鞍钢……引起我感慨的不是其超豪华的阵容,而是具有如此强大阵容的学术群体却冠以如此朴素的一个名称——中国经济 50 人论坛。按理说,一个个如雷贯耳的名字,一个个对中国经济作出重要贡献的经济学家,冠之以"中国著名经济学家 50 人论坛"也是名副其实的,然而,没有,仅仅是"中国经济 50 人论坛"。

再仔细留心一下我们置身其中的教育圈:随便打开一本教育报刊,你都可能会看到"学术"研讨会议的信息,你会毫无例外地看到如下字眼——邀请全国著名教育家某某作学术报告,邀请全国著名特级教师某某作学术讲座,邀请全国著名班主任某某作经验介绍……几乎成了一个固定的模式。是的,我们的教育问题成堆,甚至已经到了积重难返的程度,可并不影响我们的著名教育专家、著名特级教师如雨后春笋般层出不穷。我知道,出现这样的广告式用语,有时并非是开讲专家们的本意,而多半是主办方借以"吆喝"并且谋利的伎俩。比起"中国经济 50 人论坛"这样朴素亲切的名称,教育圈子里这样那样论坛的名家和导师们不知是不是会有些脸红和不安?其实教育应该是最为诚朴的事业,诚朴的事业就要有一副宁静的心态和朴素的姿态。可这些年来,教育界喧嚣闹腾的劲头似乎与哪个行业相比都有过之而无不及。记得曾在圈子里听人说道,某某现在可是红极一时的"大腕"。一位教师被说成演艺界的"大腕",不知是该为之祝贺还是该为之叹息?

应该实事求是地说,这些年来,随着全社会对教育的重视,各种各样的表彰教育的奖项越来越多,"光环"种类以及享有"光环"的人数的确越来越多。这本是一件好事,表明教师队伍建设的卓有成效,也彰显出社会对教育的高度重视,怎么说也比以前的"臭老九"之类的称呼进步了许多。但是,事物总有两重性,"光环"也是如此。一是目标。获得荣誉可能标志着你专业发展的某种进步,也应该成为你进一步发展的动力,却不是教师发展的终极目标。"光环"多了也容易使人迷失方向,以为教师专业发展的标志就是为了这项那项的"荣誉",这可就有点本末倒置、买椟还珠的意思了。二是态度。绝大多数教师对"光环"都能抱着淡定的态度,有之不喜、失之不忧,平平淡淡才是真。这是一种正确的态度,但也时时耳闻一些为了某项"光环"或者是座次或者是说话的次序弄得大家颇不开心的事,或者得到了某项"光环"就譬如更上层楼,就恨不得马上向全世界发布,甚至就像藏着一把升值股票盘算着如何"套现"……

"光环"总是有限度的,永远都数量不足;"光环"总是有角度的,永远都是照了这边、漏了那边;"光环"总是被聚焦的,有荣耀也就必须承受相应的压力;"光环"总是有时限的,有亮度的时候太过兴奋就会失去"光环"面对寂寞时的思想准备;最重要的,"光环"也总是被放大了的效应,某种程度上说"光环"也是不完全真实的,这一点尤其是头戴"光环"的当事人自己必须清楚,要保持必要的清醒而不要因为某种"光环"而忘乎所以。其实,我真正想说的是,种种"光环"与教师职业幸福是无关的。教师职业幸福的源泉,在课堂,在班级,在学生中间,在自己教学劳动过程中的体验。当你在课堂上和学生其乐融融,在课堂讨论的"春风化雨"或者"唇枪舌剑"中你来我往,当你在课余和孩子们一起游戏一起运动时,当你静静地和学生交流着某个属于他内心的"秘密"时,当然也包括你分享着学生成功的喜悦甚至也包括战胜失败的曲折时,那才是真正属于教师职业本来的成功和快乐,属于教师职业带来的幸福感受。在这样的幸福感受面前,那些形形色色的荣誉"光环"所带给你的成功体验实在是微不足道的。

当然,生活在一个功利化日趋严重的现实环境,要完全视那些荣誉为身外之物也不可能,因为与这些荣誉连在一起的,往往还有这样那样的物质利益,以及比物质利益更重要的"物议",即社会评价。但是,利益也好,评价也罢,都是外在的而不是内心的,而幸福感受却是一种发自内心带有自我肯定性质的愉悦体验。只要是从你的课堂、你的班级、你的学生那里得到一种肯定的积极的评价,获得一种愉快的劳动体验,那么你就可以自豪地说你是一位成功并且幸福的教师。哪怕你的头上没有任何荣誉"光环"。事实上,在我们的身边,几乎每所学校都有这样一批默默无闻、甘于奉献同时也静悄悄地享受教师职业幸福而头上却没有这样那样"光环"的可敬可爱的教师。也许,撑起中国教育天空的,更多的是依靠这样成千上万默默无闻的奉献者。他们的教育生活是幸福的,而他们享有的职业幸福与这样那样的种种"光环"无关。

我们为什么要春游

这还是若干年前的事了。某地学生春游发生重大安全事故,举国震惊,舆论鼎沸,作为学校安全第一责任人的校长被撤销职务;同时,教育主管部门发出禁游令。于是,一连几个春秋,那个地区的学生不再有春游秋游。

寒来暑又往,冬去春又来。日子好像过得也很正常,而安全系数自然非常之高了。

那么,不禁要问:我们为什么要春游?一个学期里的一两天郊外游，真的就那么重要吗？是的，回答是肯定的。我们可能不知道，学生对这一天的期盼程度，远远超出了我们的想象。

想起了与此无关却可以触类旁通的一个小故事。某校要翻修运动场，有很长一段时间不能上体育课，不能开展体育课外活动。于是，一个学生竟然要闹退学。他的理由只有一个——没有体育课和体育课外活动的生活，他受不了。这个例子当然是一个特例。但是，教育的生命在于活动，是教育的一个普遍规律。课堂之外，教育还有辽远的天空。课外活动在人的成长过程中意义重大，这一点却未必是每一位从事教育的人都很清楚的。

作为一个成长发育中的人，孩子不仅需要知识，还有意志、信仰、交往、行为规范等方面需要培养和发展。只关注文化知识而没有课外活动的教育，是不顾孩子灵魂的教育，也常常变成没有灵魂的教育，是违反人成长规律的教育。课外活动的主要目标就是意志、信仰、交往、行为规范等方面的教育，是灵魂和生活态度的教育。社团、游戏、集会、劳动、军训、野营、郊游……无不包含着丰富的教育内容，它们带给学生的教益和营养是课堂上永远学不到的，也是孩子成长过程中必不可少的精神乳汁，例如，社团活动中的团结合作和探索精神、游戏中的机敏和智慧品质、典礼集会中的归属感和神圣感、劳动中的坚毅顽强和韧劲、军训中的纪律意识和团队意识……对于完善孩子的人格结构、促进孩子的心灵发展和灵魂发育，其作用无可替代。

至于走近山水、走近大自然，去郊游、去野营，去吮吸来自大自然的感悟和启迪，那更是成长中孩子的人生必修课。在地球生物圈中，一年四季，忙忙碌碌、南来北往的动物很多：春天，燕子呢喃，从南方迤逦而来；秋天，长空雁阵，从北方列队南飞……我们人类的信步山水，流连风景又不同于自然界动物的运动，而是摆脱了本能的驱使，是一种高层次的、包含着较多精神内容的生活行为，它是人类追求美、寻觅美的本质力量的一种反映。人，是自然之子；走近自然，是人的心灵的回归故园。在巍峨的高山峻岭，在茫茫的森林深处，面对大海，驻足草原，你会觉得人变得年轻，变得天真。人，好像又回到了童年。人类的童年不就是这样生活在大自然的怀抱中吗？人，又是社会的产物，在显现出人类伟大力量的大自然面前，人的心灵也会从中得到满足，从中看到人类的自豪和骄傲。人，走近自然，是为了寻求美、欣赏美。对于热爱自然美的人来说，山水是一种乳汁，它可以给我们提供多方面的营养。这种美的感受对于陶冶我们的情操，养育我们的心灵是非常重要的。它可以唤起我们对美的渴求，培育我们纯洁美好的心灵，唤醒我们热爱生活、创造生活的巨大热情。

"美丽的风景"对于我们学生同样也是生动的课堂。俄国教育家乌申斯基说过："意志、自由、自然、美丽的城郭，馥郁的山谷，凹凸起伏的原野，蔷薇色的春天和金黄色的秋天，难道不是我们的教师吗……我深信美丽的风景，在青年气质的发展上所具有的那种巨大的教育影响，对于教师来说，是艰难和它竞争的。"自然美，可以培育我们灵动的智慧、聪慧的气质。这种心灵的滋润和营养是关在教室里的学习生活所得不到的。哲学家赵鑫珊告诉我们，德国的许多大城市的周围都有茂密的大森林，因此，近几个世纪以来，森林一直是德国文学艺术创作灵感的源泉。莫扎特的单簧管所刻画出来的自然景观便常有森林迷人的色彩和氛围，浪漫诗人蒂克尤其推崇"森林间的孤寂"；德国的哲学家没有一个纯粹是大学课堂里培养出来的，而是"森林里的孤寂"培养和熏陶出来的。哲学家不是来自高等学府，而是从树林的林间小道上走出来，奇怪吗？一点也不奇怪。是树林的幽静、孤寂、深邃、神秘激发了他们的激情和灵感，升华了他们对宇宙人生的思考和感悟。所以有人说，没有森林的城市，必然是烦躁的城市，在一个先进的国家和民族后面必定有广大森林作为背景。

春游，就是在有限的时间和可能的条件下，让生活在钢筋水泥建筑里的孩子们有一回走近山水、走近森林的机会。这样的活动对孩子的成长必不可少，它们是孩子们欢乐童年的重要组成部分。而有无一个斑斓多彩的学生时代，对其一生成长的影响和幸福感的形成也是至关重要的。正是在这个意义上，福禄培尔说："在大自然中的户外生活，尤其对年轻人来说比一切都重要，因为这种生活具有促进人发展、强身、向上和变得高尚的作用。通过这样的生活，一切便有了生命和高度的意义。因此，短途旅行和远足在少年期和学童期开始时就应当作为一种优越的教育手段和学校教学手段而受到极其高度的重视。"孩子也是一种鸟。教育，必须把鸟放在林子里。同时，教师也必须和孩子一样，做一回放进林子里的鸟。

对于教师而言，和孩子一起去郊游，也是一次极好的机会。我说的机会，是从师生关系意义上说的。走到野外，学生眼中的教师和教师眼中的学生，都会和平时在校园里、在课堂上有许多不同。学生眼中的教师，可能会比平时要亲切、平和、随意；教师眼中的学生，可能会比平时活泼、主动、可爱。常常见到，在每一次的郊游活动中，老师还要煞费苦心地安排一些主题教育活动，这当然是可以的。但是，如果换一个角度看，郊游就是郊游，就是师生一起走近大自然，一起去尽情放松一回，一起去尽情陶醉一回，也很好，或者说会更好。

从某种意义上说，郊游是师生关系的粘合剂。千万别错过机会，一定要和孩子们一起去郊游。

童年，人生已经开始

2011年新年伊始，一则关于中国"虎妈"的新闻扑面而来。请看《中国青年报》题为"中国'虎妈'震惊世界"的报道：

> 蔡美儿（Amy Chua），来自菲律宾的华人，现居美国，任耶鲁大学法学院教授，还是一名作家。最近，她还成了世界上最受争议的母亲，美国媒体称之为"虎妈"。
>
> 2011年1月8日，《华尔街日报》刊登了蔡美儿撰写的一篇题为"中国母亲为何更胜一筹"的文章，谈论自己如何管教孩子。蔡美儿从不允许她的两个孩子出去玩或看电视，还要求学习成绩绝不能低于A。两个孩子要在严密监督下练习蔡美儿为她们选择的乐器（钢琴和小提琴），一次练琴的时间就长达几个小时。如果不从，蔡美儿便会严加管教。

文章由此在全球引发了一场激烈辩论，人们对此反应不一，有贬有褒。事实上，这样的"虎妈"确是一部分中国家长的缩影，也是一部分中国教育现状的写照。就像某校教室前面标语所宣示的内容：辛苦一阵子，幸福一辈子。

孩子今天的学习和将来的关系，到底何在？

对此，大约有三种说法。其一，今天刻苦学习，为将来幸福生活奋力一搏。其二，基础教育影响孩子一生，中小学要为学生的一生发展奠思想之基、心理之基、品质之基、人格之基。其三，孩子进入学校，不仅是为未来奠基，而且从学习生活起步之时，就已经开始过上一种生活。童年，人生已经开始！三种不同的理解，会让孩子处于不同的学习状态。第一种理解，可能只关心孩子的学习，能帮助孩子考上好学校，就达到了目的；第二种理解，可能在关心学习之外，更要着眼长远，全面关心学生的成长进步；第三种理解，则不仅关心眼前的学习和将来的发展，而且也关心当下的学习状态乃至生活状态。

承认人生从童年就已经开始，意味着在教育生活中，就要承认学生的主体地位，尊重学生的主体感受。学生也和教育者一样，有思维、情感，有自己的意志和自由，有自己的价值判断。学生只有成为教育实践活动的主体，才有创造的意识和自由，才能成为实践活动的主人。所谓让学生过一种幸福完整的学习生活是也。

学生主体的形成步履，贯穿于教育活动的全部过程。

首先，在教育活动的主阵地课堂教学中，学生应该成为学习活动的主体。学生以一个积极参与者的姿态，投入知识建构的过程。此时，学生和教师是一对亲密的合作伙伴，共同参与对教学内容的加工劳动过程，吸纳知识，内化素质，饥渴的心灵得到极大满足，主体的能量得到极大释放，学生处于极大的成功感和愉悦感之中。当然，前提条件是，教师要确立学生是一个独立的"人"的地位，要树立合作学习思想，把学生当做学习伙伴和成长发展中的人。要在加工知识建构学习的同时，重视知识本身蕴涵的濡养人格、滋润心灵的因素，要让知识保有生命的体温、保有感情的润泽。

其次，在课外教育活动中，学生成为活动的当然主体，呈现出完全不同于课堂的色彩斑斓、个性飞扬的状态。课外活动的设计要尊重学生的个性和年龄特点；尊重学生作为人的身心发展规律、生命成长规律，搭建平台，拓宽空间，营造氛围，激发活力，鼓励创造，为学生的个性发展、人格发育创造条件。在丰富多彩的课外教育活动中，学生会呈现出生命主体的内在力量：飞扬的个性、生命的活力、可爱的品性、稚嫩的创造等比课堂上更加动人和强烈的生命活力。

其实，这样的思想如一根红线，一直贯穿于中外教育家的思想长河。翻开教育经典，尊重儿童，把孩子当做人的字眼比比皆是，灿若群星。洛克在《教育漫话》中提出要保护儿童的精神，让其安逸、活泼、自由，不要让儿童精神过于沮丧、颓唐；对儿童要多鼓励、奖励，谨慎地避免鞭挞和呵斥。《童年的秘密》作者蒙台梭利认为，童年构成了人生中最重要的一部分，因为一个人的性格是在他的早期就形成的。可学校和家长却在许多冠冕堂皇的理由之下，违背儿童的天性，扼杀儿童的生命活力；成年人必须组织起来，保卫孩子的童年。15世纪的中国教育家王守仁主张，教育要重视德行的培养，重视音乐的熏陶，重视体育的锻炼，重视保有儿童性情和个性自由，让其自由生长。稍后，李贽大声疾呼，提倡"童心说"，要抱有人生来所具有、未被世俗以及各种思想、学说所熏染的"本心"、"真心"，也就是天生的那颗"自然之心"，批判矛头直指宋明程朱理学，推崇人性天赋自然……不知从什么时候起，人在教育中被异化成了"工具"；也许，一部教育史，就这样一直在这种人性的"异化"与反"异化"中花开花落、云卷云舒。当智者的思想成为空谷足音，当大师远离我们而去，于是，我们的儿童没有了童年，我们的学生成了世界上最苦最累的人；于是，我们不得不再一次呼喊：救救孩子！给孩子一个幸福的童年！于是，学生主体再一次成为人们喋喋不休的话题。

学生在教育实践中主体地位的获得，不应该是谁的恩赐和施舍，而是教育回归人的必然。教育不仅要适应经济社会的发展步伐，还应该始终把关注的目光投向人，承认教育活动中人的地位和价值，让教育成为人的幸福生活的一部分，而不是今天在教育中奴隶般地生存而去追求什么明天的幸福生活。这样说，并不否认学习要刻苦，并不排斥训练要严格，并不是要学生成为没有任何负担的快乐天使；相反，坚韧、顽强、刻苦、毅力、合作、奋发、进步等词汇仍然是学习生活中的主旋律，只是，这一切都得遵循规律——教育的规律，以及人成长和发展的规律。

　　学生主体和教师主体形影相随，是一枚硬币的两面。当学生在教育活动中获得了主体地位，过上一种幸福完整的幸福生活，教师自然也乐在其中。学生"异化"为学习的"工具"，教师必然"异化"为教书的机器；反之亦然。因此，当我们在讨论学生如何获得主体地位的同时，事实上我们也在探讨教师的解放之路，也是在寻觅教师的职业幸福之路。还孩子一个幸福的童年，事实上也就是还教师一份职业的幸福。

第五辑

『相信种子,相信岁月』

"我不去想是否能够成功/既然选择了远方/便只顾风雨兼程/我不去想是否能够赢得爱情/既然钟情于玫瑰/就应该勇敢地吐露真诚……"这是一位诗人的诗句。没有风雨兼程的艰辛,哪来云开日出的欢愉?

"相信种子,相信岁月。"这是一群教育人的信念。种子告诉我们,必须首先让自己饱满,才有破土而出的机会;岁月告诉我们,穿越需要时间,花开需要等待。

职业的历练,其实就是生命的成长!我们不是要步履匆匆去赴一场盛宴,一切都是过程,都在路上。

朋友，你也能走得更远

有时，看一个人能走多远，只需要一节课、一次演讲或者一篇用心写的文章。

几年前，因为中学语文教材的一篇选文《庄子，当我们无路可走的时候》，我们请了文章作者、上海电视大学鲍鹏山老师来校演讲。那天的演讲内容是关于中国古代文化的。那时的鲍鹏山，远没有现在的影响力，没有上中央电视台的《百家讲坛》，没有讲《水浒》，没有讲《孔子是怎样炼成的》，也没有现在这样明星般地到哪都有"粉丝"们围着签名售书。

有感于鲍教授的演讲，我在校园内网上发了篇博文：《鲍鹏山，你能走得更远》。我的理由有三：其一，听鲍鹏山的演讲，加上浏览他赠送的《思想的历史》，我有一个强烈的印象，鲍鹏山对中国古代圣哲的思想研究，是颇有根底的。鲍鹏山的朋友告诉我，当年大学毕业，鲍鹏山和几个好朋友一起，在青海湖畔那个冷冷清清的地方，坐了整整十年冷板凳，面壁十年。十年冷板凳的结果是，打下了比较扎实的学问底子。有如此的累积，厚积薄发那就只是时间的问题了。

其二，鲍鹏山作品和演讲中，有一种可贵的现代意识，这对于古代文学学者可能更加重要。缺少现代意识，古代经典只可用来做注疏和演绎。但鲍鹏山不是这样。他在对古代文化进行演绎阐述的同时，处处可见其用现代意识去观照、去批判、去激浊扬清。这种批判意识表现了一种理性的清醒，一种文化自觉。而不是像有些国学论者那样，把儒家文化当做民族复兴的救命稻草（当然，这是一个争论不休的世纪难题，这里只好从略了)。研究古代文化的学者很多，但要么全盘买单照收，要么连孩子和洗澡水一起都倒了出来的，都是缺少科学的态度。鲍鹏山对传统文化的态度，我以为是拿捏得比较准确的，或者说，是我所欣赏的一种态度。

我说鲍鹏山可以走得更远的第三点理由，还在于他的诗人式的激情。学术研究需要冷静，但也需要激情。不冷静会失去理性，没有激情也会后继乏力，或者说叫学术疲软。这种激情，其实可以理解为一种责任感，知识分子的社会责任感。现在，有知识的人越来越多，有社会责任感的知识分子却越来越少。缺乏社会责任感，知识至多也就只能用来养家糊口，再就是用来自我潇洒玩一玩，现在不是都流行"玩文学"、"玩艺术"的说法了吗？

那天下午，我们一行坐在金鸡湖边的草坪上闲聊。鲍鹏山兴奋异常，连声说苏州人生活在这样美丽的地方，真是幸福！说着说着，一时兴起，干脆拉我们几个人到马路对面去看湖景房，体会一下在楼上看湖的感觉。一打听房价，不得了，能看到湖的房子要一万出头。大家赶紧收兵。我对鲍鹏山教授说，再过几年，你就有可能问鼎金鸡湖边的湖景房了！其实，我真正想说的话是——鲍鹏山，你真的可以走得更远！当然，对于能够写出《庄子，当我们无路可走的时候》那样潇洒文章的人，目标显然不会仅仅是金鸡湖边的湖景房。令我没有想到的是，仅仅两年之后，鲍鹏山便走上了中央电视台的《百家讲坛》，一壶一壶地和全国观众一起分享他在青海湖边酿就多年的文化美酒。

由此，我想到了教师的专业发展之路。首先，一个人的专业发展之路能走多远，其实从鲍鹏山的人生轨迹中可以得益良多。一分耕耘，一分收获，是大家都知道的常识；但是，其实专业的发展是不必也不可能像种庄稼那样，有播种就一定会有收获、有付出就一定要有回报的，有时甚至是需要一点只问耕耘、不问收获的淡泊和超脱。如果鲍鹏山当年在青海湖边的陋室里，每看一卷书或者每写一篇文字，总在想着哪天能够兑现点什么，我想，从青海湖到中央电视台的漫长距离，是足以销蚀他的意志和信仰的。我更愿意相信，那三更灯火五更鸡的十年寒窗之苦，更多的是出于对文化和教育的热爱，出于为了对得起学生的一份尽职尽责。那么，我们在审视自我发展目标时，是不是也应该问问我们自己：我爱自己从事的教育事业吗？我们愿意为了这份热爱无怨无悔地付出吗？为了不辜负这份热爱，我们已经做好足够的准备了吗？

其次，学识学识，学贵有识。中国研究古典文学的学者名家那么多，中央电视台为什么偏偏选中了当时只是上海电视大学副教授的鲍鹏山？我以为，重要的一点应该是贯穿于鲍鹏山作品中比比皆是的不同于人的见识。例如讲《水浒》，故事背后对人性弱点的深刻追问，就不是每一位古典文学学者都能做到的。请看他对陆谦陷害朋友助纣为虐一系列卑鄙行径的深刻剖析：

> 陆谦临死之前，对林冲说："不干小人事。太尉差遣，不敢不来。"读陆谦至此，我吃了一惊。我突然觉得林冲应该"理解"陆虞侯——因为，林冲在此之前，也已经有了很多次面对太尉包括太尉养子高衙内时的"不敢"。我突然觉得我们读者也要"理解"陆虞侯——我们面对我们的"太尉"的时候，我们"敢"吗？我们在读《水浒》的时候都自我感觉很好，站在道德高地上，痛斥陆谦。但是，假如我们的"太尉"也这样"差遣"我们一回，在我们一生的这一"特定"的时刻，我们"敢"吗？是什么让陆谦如此卑鄙？是权力。是什么还会让我们一样卑鄙？是权力。为什么我们都是潜在的卑鄙者？因为我们生活在权力社会里。如何把我们从卑鄙的道德泥沼里解救出来？把我们自己从权力社会里解救出来。

把批判的锋刃不仅指向个人品德，更刺向封建权力结构，刺向沉潜于每一个中国人心底深处的文化无意识，这恐怕就是鲍鹏山的慧眼独具之处。当然不是说，我们从事基础教育的中小学教师也都需要这一份深刻和锐利，而是在我们的日常教育生活中，也时时刻刻、无处不在地弥漫着需要我们慧眼识真除邪祛魅的种种现象。有了这份眼光，你就会多了一份理性和清醒；少了这份眼光，则往往头痛医头脚痛医脚，陷入剪不断理还乱的跟风和庸扰之中。

再说激情。鲍鹏山的演讲充满激情，他的文字也是激情洋溢，甚至当年大学毕业去青海支教也是理想和激情的产物，多次申请，主动请缨。其实，教育工作从来就是理想主义者的事，有理想才有激情。相信每一位初为人师者，都是激情满怀，但是，几番风雨之后，我们有些人变得现实和功利，激情不再，理想远遁。于是，我们的精神之花逐渐枯萎，我们的工作，逐渐由理想主义者的教育诗篇退化为一份和其他行业无异的职业。激情的缺失和理想的失落，对教师来说是一件值得警醒、非同小可的事，因为，紧随其后的，便是职业倦怠的到来和创造精神的萎缩。陶行知说："处处是创造之地，天天是创造之时，人人是创造之人，让我们至少走两步退一步，向着创造之路迈进吧。"教育需要创造，创造不能没有理想和激情。我现在的一位同事，即将退休但是仍激情不减，成天和学生融成一片，还一天不落地上网写博客。说到对工作的热爱时，他还有一句口头禅："一见到学生，我就高兴。"这就是为人师者难得的职业激情，我们每位教师都需要这种职业激情。

朋友，其实你也能走得更远！

种子和岁月

朱永新教授发起的新教育实验有一句非常响亮的口号，我一直非常喜欢："相信种子，相信岁月。"我想，做别的事情姑且不论，做教育的人确实应当谨记于心。

农人最现实。但他们绝不指望今天早上播下种子，就企望着明天傍晚得到收获。相反，不管眼前的墒情如何、土质怎样，也不管未来是怎样的收成，总是该浇水的时候浇水、该耕耘的时候耕耘。他们满心希望未来的丰收，却总是不急不躁，当然也从不懈怠。他们相信种子的生命力，也相信岁月的公正。岁月不仅意味着比较漫长的时间，也意味着栉风沐雨的历练，意味着冰雹霜冻的打磨。之后，才是丰腴，才是成熟，才是硕果。

忽然想到这些话，是缘于2008年暑期的一次校友聚会。20年前的毕业生，现在，在一个个都已经成家立业、事业有成之后，从四面八方回到母校举行毕业20周年聚会。给我留下深刻印象的是部分同学的职业和志趣。我们这一届当时是学校的重点班，进高中时就确定学理科，三年没分班，除了中途个别调整之外，高考时都上了理工科学校，其中进了重点大学的有近30人，这在当时是很高的比例。这个班绝大部分同学的语文素养都很不错，这在当年的高考中得到了检验和证明，但我绝没有想到会有这么多的同学和文字结缘：有的成了记者，有的成了"诗人"，有的翻译了外国文学作品，有的出版了工程领域专著……

当然，能不能写诗，是否与文字有缘都并不重要，同时，即使写诗了或者和文字结缘了，也未必就能说明和当年的语文课（不仅是高中，初中小学也在内）有什么必然的瓜葛，就像一朵花开了，很难说是得益于哪一缕阳光哪一丝微风或者哪一回春雨的眷顾。事实上，为人师者，也完全没有人在意这些。但是面对今天功利化日益严重的教育现实，面对经常需要计算到小数点后面两位的冷冰冰的数字，面对着许多恨不得早上播种晚上就能收获的或威严或和蔼的可亲可敬的面孔，却令我油然想起当年和他们一起度过的宽松而美好的语文岁月。记得当时，我经常结合教学内容或者时事热点，开展主题班会、辩论会之类的活动。例如当年的《文汇报》和《光明日报》经常围绕一个话题，发表观点不同甚至针锋相对的一组文章，我就把这些文章印给大家，然后展开讨论，在充分讨论基础上，再让大家系统整理自己的观点，写成议论文。例如黄河漂流考察队队员遇难，一时舆论哗然；《红高粱》放映后，也是众说纷纭，这些都会成为我们班会的讨论话题，往往双方互不相让，争论相持不下。学了苏洵的《六国论》，我把苏辙、李桢的《六国论》也一并印发给同学，讨论一番之后，再写出自己的《六国新论》。再如，我三年坚持要求大家每周写一篇笔记（当时我们叫周记），曾经为了"人的性格是内向好还是外向好"的问题，我和一位同学在他的周记本上你来我往，唇枪舌剑多个回合，结果是谁也说服不了谁（有趣的是，这位当年和我在笔记本上激战多日的高材生，北大毕业之后定居美国，近年回国探亲时我和他提起此事，他竟然连一点印象也没有，而我对那些在他笔记本上龙飞凤舞的字迹仿佛记忆犹新……）。这些做法，在今天的教育语境中，或许有些奢侈、有些无用，但究竟是否有用，谁又能说得清楚呢？说"大象无形，大音希声"显然有夸张之嫌，但是，无用未必不是大用。成天一味算着分数、盯着习题的语文教学，可以断言是很难有什么出息的；即使从应考角度说也是如此。凡是懂点语文规律的人，大约都不会反对这一说法。

我只想说，教育，虽然无法回避功利，但是，我们真的不应当和功利贴得太近,至少不应该每时每刻都在做着这样的"零距离"贴近,或者说至少是语文,贴得太近了,有时反而是一种伤害。其实,又岂止是语文?对于一所学校、一个地区的教育,又何尝不是如此!苏霍姆林斯基说:"教育工作的最后结果如何,不是今天或明天就能看到,而是需要经过很长时间才见分晓的。你所做的、所说的和使儿童接受的一切,有时要过五年、十年才能显示出来。"你把你办学思想的种子播下之后,需要假以时日,让岁月的风雨去催、去润、去打磨、去淘洗。若干年后,蓦然回首,你会发现哪里是教育家的手笔,哪里是平庸者的涂鸦,泾渭分明!而在当时往往是很难分清楚的,可惜我们的管理体制常常把人们逼向急功近利短兵相接的死角。今天,当人们回望南开校史上一长串杰出的名字,也许人们会更加景仰和敬佩老校长张伯苓先生超逸群伦的眼光、睿智和魄力。

有心栽花花不发,无意插柳柳成荫,给点空间,给点悠闲,说不清哪颗种子在哪个时辰会萌发,会破土而出?我们应该有兴致去听这些种子萌动的声音,当然,也应该创造让种子萌发的氛围。一位教育学者说:"基础教育,有时应该粗糙一些。"说的大概也是这个意思。就让我们做一位不计功利的农人吧,尽心尽力播下种子,然后,不管眼前的是壮苗还是差苗,该浇水浇水,该施肥施肥,该治虫治虫,别的,就把它交给岁月。要知道,他们未来的日子还长着呢!

送不出去的中秋月饼

当了多年的班主任,组织得好的活动应该不少,但都没有留下多少印象,却对一次失败的活动一直铭记在心,时时警醒自己引以为戒。

多年以前，我担任高二（1）班的班主任。离中秋还有好些日子，我就早早地打起了算盘，想要充分利用这个机会，把班级的集体氛围好好地调整、浓化一番。

这个班级组建一年多以来，班级45位弟子的学业发展顺利，你追我赶，明里暗里较着劲，班级其他工作也都有序开展，但有一股潜流却一直令我担心——十多位寄宿生和走读生之间呈现出越来越明显的"鸿沟"。别的老师也许没感觉，但这个现象怎么瞒得过我这个班主任的火眼金睛？只要有集体活动，你看好了，总是自然地形成两股势力。同一件事，单一的寄宿生或者走读生都能干好，但只要是两种成分合在一起，就往往要出点"岔子"。

机会终于来了。中秋节——这个中国传统的团圆节，刚好又不是星期天，寄宿生不能回家团圆，吃不到月饼。哈，多好啊，天赐良机！我提前几天和走读生中的班干部沟通了一下，让他们分头行动，邀约每位走读生在中秋节那天，带上些月饼、苹果之类的食品，让寄宿生美美地过一个中秋节。我知道，这些寄宿生都来自农村，其中大多是农家子弟，家庭经济条件一般。我同样知道，走读生父母多是机关干部，经济条件大都不错，完成这个任务是绝对没问题的。我仿佛看到，寄宿生们一个个喜笑颜开，从讲台上领回属于自己的那份节日礼物，教室里欢声笑语一片，政通人和，其乐融融。我高兴得像个孩子，欣赏着自己精心导演的杰作。是啊，当教师的不就是这样吗？把自己的学生弄得人人高高兴兴，自己也就非常开心了。说实话，我都有些盼望中秋节早一点到来了。

那个月圆的日子终于来到了。果然，下午讲台上就堆起了各种各样的节日礼物：月饼、苹果、香蕉，应有尽有。第三节课后，我让大家留下，开一个简短的班会。我让班长同时也是走读生代表发表了热情洋溢的讲话，我假装什么也不知道，也颇有感触地即兴说了一番。我觉得自己都被感动了。下一个节目，该寄宿生领礼物了。坏了，当我请大家领礼物时，一个个端坐着，一动不动，脸上还流露出说不清是什么的复杂表情。我有点急，请生活委员带头。可这个憨厚质朴得出了名的、平实对我也是言听计从的家伙竟然也一动不动。尴尬！教室里的空气仿佛凝固了一般。我只好宣布散会，"大家会后自己拿吧。"心想，晚自习时再做做工作、各个击破吧。预期效果是肯定达不到了，可总得要把这些"东西"解决掉吧！望着讲台上高高堆起的中秋礼物，我如芒刺在背。

晚自习时，我找几个骨干谈话，苦口婆心，一个个好像商量好了似的（也许真的商量过?），不说话，不解释，实在熬不过了，嘟哝一句："不喜欢吃这些。"

第二天，依然如故。中午，化学课代表出了个高招：化学课教师刚好生病请假。就用这些去探望探望吧，"废物"利用，礼品也不用再买了，我只好同意了。不然还能有什么更好的办法呢？

我得承认，这是一次很失败的班级活动策划。可问题到底出在哪里呢？是伤了他们的自尊？如果是，是我的行为不当，对寄宿生的尊重不够，还是哪个走读生说话不注意影响，或者是因为寄宿生们自己太敏感？我无法弄清楚。但不管是哪种情况，有一点是肯定的，我没有摸准他们的思想脉搏，虽然我成天和他们在一起，从早自修到晚就寝，但我并没有真正走进他们的内心。看来，教育工作，仅有爱的良好动机还是远远不够的；理解、尊重、走进心灵，才是做好工作的重要前提。对学生的理解、尊重，说起来容易，但做起来常常会先入为主，没有仔细顾及同学的心理感受。这是应当反思的第一点。其次，因为我之前一直担任初中班主任，接触高中生时间不长，可能对高中同学的心理特点还掌握不够。毕竟他们不像初中生那么单纯，16岁的少年已经跨进青春的门槛，对家境、尊严、人生等，看得比初中生要重得多。以成熟的方法来处理，或许应该尊重他们的内心感受，和而不同，顺其自然，没有必要也不大可能硬要将他们弄成和和气气、亲亲热热的小孩子那样的集体氛围。第三,如果工作做得再细致一点,让走读生各自找对子,以个人名义而不是以现在的集体名义馈赠节日礼物,或许效果会好得多。高中生对友谊的看法比之于初中生,也要深刻和成熟一些,他们可能更为看重同学之间的尊重,让同学自己私下去送礼物,是对对方的一种极大尊重,他们容易接受。而在大庭广众之下,让这些自以为已经长大的大小伙子上台去拿那些好吃的礼物,的确是有些很不好意思的。

失败的"中秋礼品"活动已经过去,可我的心却久久不能平静。我发现班上很多同学对足球感兴趣,而当时却没有机会大张旗鼓地踢一踢,只能自发地甚至是偷偷地玩一玩。我何不因势利导满足一下他们潜在的强烈欲望呢?何况,既锻炼了身体增强了体质,又能增强班级的凝聚力。于是,经过一段时间的筹备后,全校第一支经过班主任批准以班集体命名的班级足球队成立。那个不起眼的圆圆的小小足球真是魅力十足。绿茵场上,什么出身地位、家庭背景、成绩名次等等在足球的磁场里全都烟消云散,一个个亲热得比亲兄弟还亲。在一场场激烈的足球场"烽火硝烟"中,高二(1)班,成了一个响亮的名字。

陶罐、笔筒以及一篇习作

2000年寒假,在家乡县中工作多年的我萌动了流动的想法。于是,消息便点点滴滴地发散出去了。此时,我带的班级是高二,我和他们相处了三个学期,应该说是很有感情的。那一年多的日子里,走进课堂和孩子们一起说语论文,是我最开心的时光。我和他们一起琢磨"吟罢低眉无写处"中"低眉"和"低头"的不同意蕴,一起商量为刘和珍塑像的最佳环境、最好材质、最美气质和最合适的姿态，一起斟酌词语，猜谜语似的摘取"熟得最好的桃子"——把美文中被略去的精彩字词还原，一起奢侈地用两节作文课连同课外活动去收看朱镕基总理记者招待会实况……我知道他们喜欢我的语文课，知道他们的不舍，也听到了有学生在家里"哭鼻子"的信息，我的心里当然也是颇不平静，我甚至认为在一个班级的教学中途离开简直就是一个极不明智的选择，如果必须离开也应该选择一届学生毕业之时。

但是，木已成舟。几个女生用她们的零花钱买来了陶制笔筒和陶罐，送到我家时，一脸的痛苦和无奈令我无法面对。我一次次地谢绝了同事的送别宴请，但我无法不去教室和同学们作一回告别。我知道，虽然很难，但我必须前去，否则，我的心会长久难安。临走前一天的晚上，我买了一只足球（男生喜欢的）和一副羽毛球拍（女生喜欢的），像犯错误的小学生一样鼓起勇气走进教室，说了一通他们似懂非懂的话，然后逃一般地离开了教室。那一刻，就是一种心痛的感觉。我也从她们的脸上读出了不舍和无奈。那个陶制笔筒一直摆在我的书桌上，虽然曾经被打破，但用胶布缠了几道之后，仍然一直保存着，似乎是一种提醒，也是一种告白。

接着就是在江南的一所新学校里开展了紧张工作。怎么也没有想到的是，竟然在工作一个学期之后，命运安排我又一次面临抉择。由于人事档案没法拿到以及地方政策的种种限制，家属工作安排出现了一些意料不到的问题，我不得不考虑重新选择城市和学校。不是因为匆忙，而是面对学生无法解释，我便真的"逃"一般地离开了那所学校，没有和同学做一个哪怕是一场简单的道别。

大约一年多以后，那里的朋友发来一封电子邮件，是我班上一个叫陈洁的女孩子写的作文，题目是"爱我们的人"，后面还有她的语文老师写的评语。说实话，看了陈洁作文里的描述，我有一点小小的安慰，但更多的是一种深深的不安。聊以自慰的是，虽然只有短短的一学期时间，我的语文课还是给孩子们留下比较好的印象，学生们对我还是比较认可的。作为教师，这是最大的欣慰和幸福。而令我不安的是，如此匆匆地来匆匆地走，对学生，特别是一些比较敏感而脆弱的学生，似乎是一种轻度的情感伤害。我从自己的角度考虑，好像是满有理由地选择了离开，而在一部分学生心中，却留下了一种思念、一种遗憾。看了这篇作文，也正是因为这篇作文，陈洁的形象就一直定格在我的脑海里，至今仍然无法释怀。我非常清晰地记住了那个个子高挑，脸色白皙，上课眼神总是一直盯着老师、盯着黑板的清秀女孩，那篇习作也就一直保存在我的电脑里，如同我书桌上那个缠上胶布的陶制笔筒一样，提醒着我也告诫着我，当教师的，心里一定得装着学生，装着学生的那份情感。我们所面对的学生，绝不是只需要灌进知识的容器，而是一个个有血有肉的人；教师任何一点不经意的举动，都有可能伤到那一颗颗敏感的心灵。

爱我们的人

张家港高级中学高二学生　　陈　洁

悄悄地他走了，正如他悄悄地来……

他走了，没有和我们告别就离开了，离开我们去了另外一座城市。人走了，但坚信他是爱着我们的，这次的离开也应该是出于他的无奈吧！

他的悄悄离去不禁让我想起他曾经的到来。还记得高一时某天的语文课，走进我们教室的不再是昔日熟悉的身影，而是一个陌生人，但这人的脸上却洋溢着亲切的笑容，此刻他站在讲台边上微笑着不住地向我们点头以示问好。我开始注意他，瘦高的身材，尤其是那瘦，用句前卫的话说应该是特有"骨感"，一身朴实无华的打扮，俊挺的鼻梁，一双并不大但有神却又有点含情脉脉的眼睛，加上一个有点傻的微笑，给人特别亲昵的感觉，绝不是高高在上，不可攀触的，我对他也没有那种沉重与生俱来的对老师的畏惧感，我挺喜欢他的外形。

听别的老师介绍，他是一名语文特级教师。当我听到时，都有点儿震惊。他是一名语文特级教师，却毫无那份他该有的架势，和我们离得那么近，可以说是零距离的，我们也从未觉得他是我们的特级教师，而是我们最好的朋友。课外都亲昵的称他为"杨特"，其实，他对谁都那么和蔼可亲。课也上得特具吸引力。记得有一次语文课上，我们都听得特入神，下课铃声响后都不愿让他停下，不愿就此从王维的田园山水里走出来，就在这流连忘返之际，检查眼保健操的一位外班女生推门而入。我们这才反应过来正做眼保健操呢。当时的他羞得满脸通红，跟小姑娘似的忙向那位女生解释并道歉，让她不要扣班级考核分。当时的那幕把我们都逗乐了，他也只是跟着我们羞得脸通红地憨憨地笑。

他从不在嘴上说什么，但我们都知道、都明白他的心，他是爱我们的人。他的脾气也怪好，从不知道生气。我们做错了事他从不大声呵斥，总是笑盈盈地教导我们，并为我们查出病根，我们也都善意接受。他和我们都处得特别好，课堂上配合还是挺默契的。他有一个习惯，每当走到讲台前总要四下里扫一遍，看是否有人缺席，确认无特殊情况后才安心讲课。如果有人病了没能来，那下堂课之前，他一定不会忘记前来询问几句，让人从心底油然而生阵阵暖流，顿觉精神倍爽，也十分感激他的关心，也就在这无形中，我们更加喜欢他了。

　　他是一名教师，他总希望每天都有进步，每天都能出新的成绩，同时，他也在不断地完善自己，总想用最好的水平来教我们。在他的课上总会有琅琅书声、阵阵欢笑从窗口溢出。他和我们一起探索中国文学的奥妙，关注我们的所有话题，解决学习中的困难。他对工作也是十分尽力的。我们的每一篇作文他都会仔仔细细地改一遍，并找人当面指导，他说希望我们的习作越写越棒，有朝一日全能发表，并到高三时合编成一册载着我们的梦的书刊。如许如许都是我们七彩的梦，而且都能成真的。可是，我们远未来得及圆此梦，他却走了，离开我们了。我们都很伤心，真想回到以前重拾那份构梦的精妙感觉，可恐怕不能了。

　　他的离开，我们都不想明查原因，但我们相信，他是舍不得我们的，是无奈之下的举措，他也不会忘记，我们曾经一起度过的美好时光。他会爱着我们，会记住我们每一位同学纯真的笑脸的，我们也是同样爱着他的。虽然我们彼此相隔遥远，但我们的心靠得很近，他能感受到我们，我们也能感受到他的灵魂的跃动！

　　爱我们的人，我们也爱你，我们永远会记得你的！

　　评语：

　　文章朴素无华，一如文中所写的这位老师。但读来却很感人，靠的是发自内心的真情。相信如果文中的杨老师读后，也一定会为学生们对他的热爱所动容，一定会对他的学生产生浓浓的思念，一如学生对他的思念浓浓。"天涯何处无芳草"，诚哉斯言！

往事从不如烟

——为灌南县中学 1988 届（1）班毕业 20 年聚会而作

2007 年秋天，我在南京参加一个会议。会议地点在南京师大校园，我给灌南中学的老校长、现在南师大工作的杨克畋先生打了个电话，表达了要登门拜访的愿望，杨校长执意要我在宾馆等他。不一会，我们便在宾馆见了面。

几句寒暄过后，校长提出晚上请我吃饭，我坚辞。此时的我因咽喉失声尚未康复，不仅滴酒不沾，就连说话也是一大负担，陪客吃饭，那是一件很"受罪"的事。校长没容我多说，不假思索同时也不容置辩地决定了——请你的 88 届学生作陪！到底是当了我 15 年校长的老领导，知道哪里是我心中最柔软之处。此语一出，我只好从命。是的，88 届（1）班在我心中的分量有多重，我知道，老校长也知道！这是我踏进灌南中学教学并带班的第一届学生，也是我教过的第一届高中学生，这还是我迄今为止完整地从高一带到高三的唯一一届学生！当然，正如大家都知道的，那又是创造了优秀成绩我们都一直引以为骄傲的一届学生！

说起和这一届学生结缘，还得先从我调进灌南中学说起。1985 年夏，已教了几年初三且刚刚读完本科函授学业的我，一直觉得教学上还有些潜力，想到高中历练一番。于是，请我的高中班主任也是我所在学校校长的温洪如老师向县中杨克畋校长推荐，温老师是杨校长初中的老师，想来老师对学生即便是当了县中校长的学生说话，也还是会产生一定影响的。就这样，灌南中学同意调我来教高中；而在当时，农村教师进城，其难度之大，难以想象。果然，那一年，县教育局作了一个硬性规定——全县农村教师进城一律冻结。一直到 8 月 30 日开学前夕，我还不知道开学该到哪里去报到。后来方知，经过灌中和教育局的多次协商，汪浩局长才同意放行，但是只是借用，没有调令。就这样，我是两手空空没有任何手续来灌中报到上班的；而且，以借用人员的身份，担任了被校长寄予厚望的择优班副班主任和语文科任老师，协助班主任史祖祺老师工作。能够走上灌南中学这一在我们当地最好的工作平台，我要衷心地说一句：谢谢你，杨校长！谢谢你，温老师！谢谢所有真诚地关心过我的人们！

由农村进入县城，由初中进入高中，尤其是面对这些全县择优而来、天资聪颖、成绩优秀的学生，我的压力可想而知。除了努力，别无选择。幸运的是，我遇上了一个很好的工作团队，（1）班的科任老师都是很棒的。在班级管理上，尤其想说说史祖祺主任。第一学期，史老师是班主任，我是副班主任。但从一开始，史老师就把我推上班级工作一线。我知道，这是在为我压担子，让我早点成长成熟。一个学期之后，史老师又力荐我接任班主任。虽然史老师卸掉了班主任的名分，但实际上，他一直还把这个班级的工作放在心上。虽说初中班主任我是做过多年，感觉得心应手，但对于这样一个特殊的群体，还是面临许多新鲜且特殊的课题。每当遇到棘手的问题，史老师总是帮我出谋划策、指点迷津。三年中，史老师这样的一个"好搭档"是我做好班主任工作的有力靠山。在语文教学上，我特别想说说李坦然老师。李老师是高中语文组组长。在李老师的影响和带动下，语文组有一种非常和谐的教研协作风气。在我的印象中，那时的语文组同仁向来都是淡泊名利、相互尊重、互通有无、取长补短的。这样的群体对我这个"新手"的成长无疑是十分有利的。尤其是我教"择优班"三年，刚好也是和李老师同轨三年，学习的机会很多，得益很多。在此，我也要衷心地说一句：谢谢史主任！谢谢李老师！谢谢（1）班教学团队的各位老师和语文组的诸位同仁对我工作的帮助和支持!

接下来,该说说我和(1)班同学的故事了。但是,一下子竟不知从何说起了。其实,很多时候,语言是非常苍白而无力的。我想到了那一次南京聚会时一位同学颇为自豪也不无调侃的话。他说:"杨老师,我们88届是你的'成名作'和'代表作'啊!"我笑了笑,"说得也是。你们当年高考考得那么棒,今天又都干得这样出色!的确,我们老师是以有你们这样的学生为骄傲的。但同时,我还想说一句,这是大家尤其是你们自己努力的结果。如果一定要打个什么比方,那么,我还想加上一句,88届(1)班也是我高中教学的'处女作'。""处女作"就意味着我的工作不成熟,有缺点。我是很真诚地说这些话的。毕竟,那是我高中教学生涯的开始,做得不够好的地方一定不少。我能够说的是——我是努力的!今天,在新课程改革的语境下,大家经常说的一句话就是"和学生一起成长"!而我,在任教这一届择优班的三年中,真的是切实感到了"和学生一起成长"的丰富内涵。记得当时,我经常结合教学内容或者时事,开展主题班会辩论会之类的活动,如"义利之辩"、"黄河漂流"、"六国之弊"等。每一次活动,同学们活跃的思维和敏锐的思辨都会给我带来许多启发。再如,我那时三年一贯地要求大家每周写一篇笔记(当时我们叫周记),题材自由,体裁自由,长短自由,所叙所议的唯一要求是要写真情实感,有真知灼见,这个做法一直坚持到高三毕业。在那种自由的抒写中,我会常常发现思想的火花和思维的亮点,感受到同学们成长的脉动。有时,发现优秀的周记,我会在征得同意之后在班级朗读。这种"火花"和"亮点"也常常激发我在周记本上做批语,有时会写得很长很多。记得曾经为"人的性格是内向好还是外向好"的问题,我和一位同学在他的周记本上你来我往,唇枪舌剑多个回合。我认为外向更加容易适应社会,他则认为内向也没有什么不好……结果是谁也说服不了谁。若干年后,当我有了更多的经验和阅历之后发现，我们两人的观点都有道理，而那位同学的道理更多一些。因为我注意到，很多科学发现的杰出人物和大师，真的就是以内向的居多，而且，创造型人才的特征之一，就是敏感内向。你看，教学相长，这是一个很鲜活的例子！我们（1）班是理科班，但我的印象是绝大部分同学的语文素养都很不错，不仅在88年的高考中得到了检验和证明，而且相信在毕业以后的学习工作中大家会有体会。有的同学本科毕业后读了北大的哲学研究生；有的同学成了国内某著名大报的业务骨干；有的同学翻译出版了法国文学名著；有的同学已出版了几本业务专著，成为专业圈子里有影响的人物。有一位同学告诉我，他在进了大学之后就成了文学社社长，还写过不少诗歌，当了公司老总之后，年轻的员工看到老总经常翻阅诗集，颇为好奇。还有一位当了医生的同学，据说在当地城市是颇有些知名度的诗人，常有作品在媒体露脸。能不能写诗不很重要，但良好的语文素养对于事业的发展却决不是无足轻重。如果说，没有因为语文贻误了你们的工作和发展，那么，我会感到欣慰；如果说，曾经因为语文滋润过你们的生活和心灵，那么，我将为之自豪！而我想说的是，和你们风风雨雨并肩走过的这三年，对于我的工作和事业，影响是深刻而深远的。不仅因为这三年和你们一起成长，不断进步，也不仅因为这三年的丰富积累一直是我思考语文感悟教育的宝贵素材（我的第一篇教育论文就发表于你们读高三的时候）；而且，因为有了那么一个起点较高的开始，以后的日子里，我一直在努力。人最害怕的就是重复自己。我一直把那三年的工作作为标杆，然后努力地实现超越。为此，我也要真诚地说一句：感谢你们——我88届的同学们！感谢青春，青春让我们充满激情！感谢生活，生活让我们成长成熟！感谢岁月，岁月让我们枝叶婆娑！

有过多少往事，仿佛就在昨天。是的，年华似水，光阴如箭，但往事从不如烟！它是我们生命旅程中无法忘怀的一段日子，它已成为我们生命的一部分！回味，是一种幸福；而纪念，则定会为我们的前行注入新的活力！未来的美好日子，还等待着我们去珍重书写。朋友们，努力！

对不起了，我（20）班的弟子们

早就想对我（20）班的弟子们写几句话，但又心存幻想：或许哪天喉咙就好了，能说话了，留到讲台上说吧。"五一"长假过后，依然没有多大进展。所以，只好选择在博客里说了。

大约是开始休假两三个星期之后吧，我看到了放在我办公桌上的鲜花和签满了名字的慰问卡。心中好一阵感动。尤其是那几行留言，说得我心里热乎乎的（当然我知道，那一半是实情，一半是鼓励。慰问病人嘛，总是挑好听的说）。还记得卡片上的第一句话："快乐的时光总是留在我们心里。"看字体，知道是出自语文课代表的手笔。这一句，我最喜欢。

的确，在和你们接触的大半年的课堂上，给我留下的也都是快乐的时光。课堂是我们大家的，快乐也是属于我们大家的。只是同学们可能不了解：做教师的，有时得到的快乐远比你们想象的要多。因为，这是我们的工作，更是我们大部分的生活内容。教师如果把与教学有关的东西都抹去，剩下的生活还有多少？如果把我的课堂拿去，离开了课堂，不仅离开了工作，其实也就远离了快乐。课堂是我工作的快乐之源。过去，曾和我同在一个办公室的徐老师跟我说："每次看你上课回来，嘴里总是哼着什么小调！"（她还以为我爱唱歌呢。其实，我除了这个时候和晚上散步时会哼哼，从来没有上台唱过歌）的确，不能说每次，但至少有十之八九的课，上完之后，我都是高高兴兴地回来的（这一年多来，我不再哼着小调了，因为要保护嗓子）。这快乐来自课堂，自然也就包含你们同学的功绩。当然，也会有不高兴的时候，那多半是课上得不成功，责任在我。

你们——我高一（20）班的弟子们，给我的快乐更多。真的，对你们班的印象特好——活泼，自觉，肯思考，爱发言，懂礼貌，还有一些天真——特别是师生之间，同学之间融洽的氛围。每次和你们"商量"作业，总是会有一个满意的结果。每次课堂讨论，总是非常热闹，也非常圆满；每次抄古文，都会听你们撒娇般地嚷嚷着——又抄了，又抄了。但不需要我来多作解释，结果都是抄得很好（抄古文的好处我在第一课上就已经说了。对于古文，这是非常必要的）；每次背书，都是99%的同学，不需要我去费心劳神。我曾在多个场合由衷地说过你们的好。还曾在一次座谈会上发言，以你们班为例，说明小班化、精品化的必要性。因此，有位同学给我发短信，说听说老师你去经商了，扔下我们不管了，反正你已是桃李满天下，也不在乎我们了！傻孩子，怎么可能呢？我怎么会呢？我怎么能呢？我又怎么敢呢？30年的粉笔生涯，我已被训练成了"课堂生物"。离开了课堂，我不知道我还能做些什么，我找不到更多的快乐；甚至，连养活自己的能力也没有。曾有同事说我，反正你有事做，你可以写啊。他那是不了解我。我所写的，都是来自课堂的感悟；离开了课堂，我写不出什么有价值的东西，而且，也没有心情写了。我早就在不同的地方说过：课堂是我教研的土壤，是我安身立命之处。年轻时迷恋过写诗，事实早已证明了我的失败。

其实，你们班的好，不仅仅在于规模小，这可能只是原因之一。除了你们自身因素之外，你们还有一个好班主任。这一点，你们肯定比我更清楚。我是凭感觉说的，其实我并不很清楚林琳老师是如何具体开展她的班主任工作的，但我从你们身上，看到了林老师班主任工作的功夫。班级里总是有一种温馨的氛围——亲切，友好，和谐。我不喜欢把教室布置得像战场（当然，到了高三也没办法。那是特例，也是无奈之举），很喜欢你们个性十足的壁报。我敢说，这是几十年来我看过的最棒的最具人性化的也最具教育特性最符合人成长规律的壁报！那是一种个性的飞扬，是一种精神的舒展。教育是什么？教育是激励（激励向上的热情），教育是激发（激发做人的自尊），教育是唤醒（唤醒成长的热望）。林老师是懂教育的好老师！

最后，说两个愿望吧：但愿暑假前还能到（20）班去上课；退一步，但愿暑假后分班你们不要走得太散，我们还能在一起创造着也享受着更多的快乐！我相信一定会重返讲台。到时一定买一个好点的喇叭，不让你们的耳朵再受偶尔的噪声之苦。

我像一个做错了事的孩子，没有勇气把这封信送到你们的教室，就只能在这里说了。还有，有位同学要我到网上聊，还留了号码。很不好意思，我还不会网聊。再说，我们时间也不同步，你们的时间宝贵得很。方便时你们可以给我发电子邮件：jsszyb@sina.com。

很在乎你们的老师　杨斌

附记

  这是我在失声休假期间写给我任教班级学生的一封信。当时，只是发在我的个人博客上（校园内网）。后来，替我代课的孙伊莉老师打印出来，拿到课堂上请同学朗读。据说反响不小，有不止一个同学哭鼻子。孙老师很有一些教学机智，临时动议，让每位同学写一篇读后感，算作一次作文。学生交来的习作后来又转到了我的手中。的确，也有好多话语令我动容。记得有两位女孩子在文章里说，她们上课时是要经常品评我的那些龙飞凤舞的板书的，她们经常琢磨：这是学的什么体呢？怎么看也看不出，没办法，就称之为

"杨体"吧,并且会偷偷模仿。呵呵,说得我心里热热的。教师也是喜欢鼓励的啊!那些习作我是一直珍藏着的,可惜后来办公室搬家,不知放到哪里了,可能弄丢了。下面的一封信是发到我的电子邮箱的,因此保存了下来。谨附上以作纪念。

老师:

您好!身体好些了吗?

今天看了您的信件,说真的……我差点大哭呢!我们每位同学,尤其女同学,看完后,感同身受——你的信太煽情了!!!不过,那也是因为事是真的,经历是真的,感受是真的,情感是真的。您的字里行间无不透露出您对我们的关爱与宠溺。这种师生情,第一次感受到,也对我在各方面有很大的鼓动(真的,自己一定要好好学习,不让您失望)。老师,谢谢!

您现在不上课会感到空虚吗?正如您所说,您是"课堂生物",失去了自己的"栖息之地"会感到莫名的惆怅吗?

老师,不要感到悲伤。一定要打起精神,好好养病。我们每个人都会祝福您,等待您的到来,期盼您在讲桌前的身影。

致礼!

祝您

健康快乐

周思柳

你的文字是从哪里生长出来的

《教师月刊》2011年第3期有一个很好的卷首语,尤其喜欢那个精彩的题目——你的文字是从哪里并怎样生长出来的。出自主编林茶居先生的手笔,到底是诗人,笔力不凡。文章在列举一系列教育文字之后,慨叹道:

> 这些文章,写的日常的人事景物,说的基本的教育道理,有一种追根溯源的力与美,或者说,它们深深卷入了这一片教育的大地。那么,你的文字是从哪里并怎样生长出来的?爱默生说:"你的句子应该像从地里挖出来的蒲公英,根很长,粘着泥土,还是湿的。"

是的,这些年教育文字多了起来,教师们在教育工作之余写点文字,已被视为专业发展过程中的一种常态,甚至是一种必须。专业论文,随笔反思,教育故事,心情小语……都好,都可以,都是教育旅程中的海滩拾贝。是记录,也是反思;是收获,也是耕耘;有欢欣,也有痛苦。但不管怎样,应该有一个共同的标准:真诚。

真诚是写一切文字的重要准则,教育文字自然也是这样。你得蘸着自己的"血肉"去写你的教育文字。所谓"蘸着血肉",就是忠实于自己的教育生活,就是植根于自己的教育土壤,也就是林茶居说的"深深卷入了这一片教育的大地",或者是爱默生说的"是从地里挖出的粘着泥土的蒲公英"。不是苛求,不是唯美,而是与教育写作的意义和宗旨有关。

教育工作是一件很辛苦的工作。除繁重的工作之外，我们为什么还要自讨苦吃，我们为什么要书写？答曰：与专业发展相关。教师工作需要不断学习、不断反思，在学习和反思过程中求得教育素养的提升和发展。苏霍姆林斯基说："如果你想成为学生爱戴的教师，那你就要努力做到使你的学生不断地在你身上有新发现。你要像怕火一样地惧怕精神的僵化……教师上好一节课要做毕生准备。"也许，教师的教育书写真正意义就在这里，克服精神的僵化。读书学习，总结反思，都是为了这样一个目标。经常听到一些同行说，工作那么忙，为什么还要我读书和写东西，我能教好自己的学科就行了，我教的课考试分数不差就行了。为什么？就是因为我们从事的是一项精神交往的工作，教学工作绝不仅仅是简单的知识传递，而是一种交往，而且主要是一种精神交往，要努力做到让你的学生不断地在你的身上有新的发现。所以，苏霍姆林斯基才谆谆告诫我们，"要像怕火一样惧怕精神的僵化"。教育书写不过是为了不断地发展我们精神的一种实践。而只有深深植入自己教学实践的"沃土"，只有融进自己教学的"血肉"，才能提升出属于自己的教育教学感悟，也才能丰富和发展自己的教育教学素养。

写到这里，忽然想起了我自己的教育书写历程。我写第一篇教育论文时，还是20世纪80年代，那时还没有教师评职称的说法。因为一个教育故事的感染和感动（见本书《一个无法忘怀的故事》），我长时间地沉浸在教师工作意义的思考之中，在思考的过程中到处搜寻资料，印证自己的想法。这样大约琢磨和孕育了一两个年头，终于诞生了生平第一篇教育文字，并且在全国权威教育刊物《教育研究》上发表。从此，尝到了写作的甜头，逐步生发开去，有教学论文，教育杂感，也有自己的教学故事……无论写什么，无论水平如何，但有一点聊以自慰：我的写作冲动总是源自自己的教育教学感悟，是植根于自己的教育教学土壤，是从自己园子里捡出来的"蒲公英"。随着书写文字的增多，教育情怀也好像渐渐浓厚，对教育的认识也不断加深。工作行为中理性的东西越来越多，盲目跟风的东西不断减少。我想，这也许就是自己的专业素养不断发展进步了吧。

2005年，当有机会把多年的习作结集为一本专著《语文美育叙论》时，回首来路，我真是感慨不已，酸甜苦辣齐涌心头。在该书《后记》里，我情不自禁地写了以下这段话：

> 编写整理这本书的过程，心情非常复杂。
>
> 一是激动。像翻阅一本记录个人成长足迹的相册一样，一篇篇地翻检着自己发表在各种报刊上的旧文。岁月，犹如电影镜头在头脑里一个个地闪现。写作这些篇什时的场景、相干不相干的人事，也都会突然清晰地浮现在眼前。逝者如斯，感慨总是难免；有时，竟会对着一本旧杂志浮想联翩。"往事悠悠浑似梦，都随风雨到心头。"还真有那么点感觉。二是遗憾。翻旧作和看老照片毕竟不同。人们看老照片，往往会为自己年轻时的风采自豪；哪怕是儿时的照片，也会觉得稚气可爱，引来会心一笑；翻旧作，却往往遗憾居多。总是觉得这里说得不透，那个例子欠妥。修改是不可能的了，只是把明显重复的地方稍作处理。实在不行，在文后写上一段补记。三是忐忑不安。自从1987年9月，一时冲动，懵懵懂懂地在《教育研究》发表了第一篇教研文字，就不知深浅地想在语文美育这块土地上挖出一口属于自己的井来。其实，以自己这点浅陋学养，谈何容易！可能还是有一点韧劲，所以春耕秋耘，也积聚了那么点东西。但究竟说得如何，是否经得起推敲，还有待于专家评说。聊以自慰的一点是，所叙所论，都是自己学习和实践中的感悟体会，没有去刻意雕琢，牵强附会。毕竟，在语文教学园地里虔诚

地学习过，真诚地思考过，忠诚地劳作过，留下点学习、思考和劳作的记录，仅此而已……

《后记》写好之后，意犹未尽，余兴袅袅，多年的粉笔生涯，播洒的是汗水，也是青春。最重要的作品当然是学生，教师的生命在学生的成长中得到确证。然而，在这耕耘播种的过程中，我收获了什么？我有哪些可以抓得住、摸得着的感悟？可以印证的似乎就是眼前的文字了。于是，《后记》之后，又即兴涂写了一段散文不像散文、诗歌不像诗歌的文字，其实就是自己多年教育劳作和书写过程中的一点滋味吧。

在灌河岸边那一片肥沃的土地上，我度过了难忘的青少年时光，也修完生活的第一章功课。父母和师长给我最大的人生教益就是——只问耕耘，不问收获。漫漫教学之旅，这是我不倦前行的信念和动力。

这不是矫情。谁都渴望成功，渴望辉煌。但我更清楚，选择了三尺讲台，就是选择了寂寞。这是寂寞者的事业。有点无奈，但也无悔。在耕耘的过程中，有诗意的飞扬，有智慧的碰击，有灵魂的契合，有思想的自由。足矣！过程的美丽比结果更重要。心，在这里永远年轻！

这也不是高尚。现实已经是一个拒绝崇高的年代，奉献也因用得太滥而变得廉价。仅仅是要寻求一个精神的支点，一方心灵的家园。人，诗意地栖居，总得有一安身立命之处。面对物欲横流、红尘滚滚，人显得很脆弱，很难不滑向浮躁，也很难不走向琐屑。定力不够时，这是一副良好的心药。

这更不是无为。无为是看破一切，是消极遁世。无为是不会付出任何汗水和心血。但这又有点无为的嫌疑。这是一种生活的态度。一种真诚淡泊的生活态度，一种处于无为和有为之间的生活态度，一种无力超越但又不甘平庸的生活态度，一种希望成功但又不想急功近利的生活态度，一种不愿虚度时光但更不愿蝇营狗苟的生活态度。

我崇尚这种态度，它使我人生的步履不太潇洒也不太疲惫：踏实而不觉沉重，匆忙而不失从容。

这段文字，似乎可以看作对《教师月刊》那篇卷首语的属于我的回答——我的文字，就是从这里生长出来的，就是这样生长出来的。教师的职业幸福，在课堂、在操场、在图书馆、在实验室……是不是也可以在这些教育文字的生长过程中呢？

也是一种二律背反

一位同事在闲聊中，讲了以下的故事。

在某县农村中小学，普遍存在着因考试成绩排名低而罚教师工资的现象（请注意，不是成绩差，只是均分排名最后。这样每个年级每个学科总有人因排名最后而受罚），有的教师一学期被罚工资千元。更可怕的是，这种十分荒诞的行为竟然还有教育行政部门的文件作依据。

这位同事虽然是理科出身，读的书不少，人文素养很好，因此对现实中普遍存在的种种教育弊端看得比较深刻和透彻，同时也流露出一种困惑、不满和无奈，乃至对工作和职业产生了严重的职业倦怠。职业倦怠产生的原因有多种，但多数因为工作的忙碌和超负荷产生的精神疲倦；这位同事的倦怠原因比较特殊，是一种源于思想深处的无力。我知道，仅仅靠一般的方法，如精神调节、减缓压力等方法，是药不对症，也必然不能奏效。

一次合适的闲聊机会，我们聊起了哲学，聊起了李泽厚的历史主义和伦理主义的二律背反。李泽厚认为，历史本就是在悲剧性矛盾中行进，前行中总是要付出巨大代价。历史主义讲"发展"，伦理主义讲"善"，两者一定是矛盾的。如何看待这种历史行程中的矛盾甚至悲剧，往往决定或影响着一个人的价值观和处世态度。置身于教育圈中，端着教师的饭碗，耳闻目睹教育生活中"伪教育"、"反教育"现象可谓多矣！如何看待教育现实中有悖于教育规律的种种乱象？是愤世嫉俗怒发冲冠动辄拍案或者拂袖了之漠然置之，还是直面现实理性面对着眼建设知其不可为而为之？前者固然痛快淋漓，但是，更多的还是情绪性的表达。冷静地想一想，其中很多却是历史行程中的必然。我们还处在现代化的初级阶段，大多家长们还指望孩子通过高考竞争跳出"农门"，不少孩子也正是在激烈的升学竞争中找到社会阶层的上升通道从而改变命运，一味地对违背素质教育现象作"愤青式"谴责，其实并不够全面和公正，也无济于事。总之，比批判更重要的是建设！这不是妥协，其实是个人直面历史正视现实的一种清醒和理性。莫斯科不相信眼泪，教育也不相信。与其被动无奈，不如主动争取勉力而为。

我跟同事说了上述这番话，同事不断点头称是，表示确实应当面对现实、理性看待，意气用事于事无补，用自己点点滴滴的努力去改变才是正确的态度。事后我在想，其实我只说了问题的一个方面，还有另外一个方面没说，说清楚了才全面。作为个体，面对强大的现实、历史和社会，力量是非常渺小、微不足道的，因此采取这样的态度无疑是对的。但是,作为有力量改变现实和现状的政府部门,则绝不应该以此为借口,延宕教育改革的进程。其实,基础教育领域看似乱花迷眼般的教育乱象,说到底,是教育改革步伐缓慢,头痛医头脚痛医脚,没有抓住问题的要害所致。

记得几年前,全社会轰轰烈烈地开展了一场素质教育大讨论,我也兴之所至,给《中国教育报》寄去了素质教育的10条建议。现在已经记不清那10条教育的具体内容了,但总的精神是加快教育体制改革,去行政化,去市场化。例如,素质教育轰轰烈烈,应试教育扎扎实实,问题看似出在学校,其实根子在过度行政化的体制。真正让学校成为办学主体,让校长不看教育行政部门的脸色而是遵照教育规律办事;让高考社会化,高考信息不再成为教育行政部门的管理"拄杖";再配以经常、有效而权威的教育督导评估,按教育规律办学应当不是一件棘手之事。但是,专家学者建议多年的高考社会化改革迟迟不见动静,衍生出来的问题和弊端只能日甚一日、积重难返。再如教育市场化,无疑也是学校片面追求升学率的强大的内在动因。好的升学质量,就可以吸引好生源,同时也是名正言顺地赢来择校生的滚滚财源。领导、社会、家长、老师皆大欢喜,何乐而不为?近两年,政府动了真格,刹住名校办民校之风,大力实施义务教育资源均衡化改革,择校热立竿见影马上降温,义务教育阶段的素质教育也有了一个比较好的政策基础。两个事例,一正一反,有力地说明改革是破解决教育疑难杂症的唯一路径。化解历史主义和伦理主义的矛盾和紧张,推动社会发展的步伐,哪怕是极小的一小步,也必须依靠经济基础和上层建筑的关系调整,调整就必须改革。

值得期待的是,最近出台的《国家中长期教育改革和发展纲要(2010—2020年)》,对未来十年的教育改革和发展做出了全面部署。应该说,高屋建瓴之处甚多,也比较好地回应了素质教育大讨论中的若干热点问题,回应了社会各界对教育的关切和诉求。接下来的问题就是两个:一是应该有一个详细的顶层设计方案和改革路线图,二是扎扎实实地落实和推进。目前看来,只是有了一个大致的改革方向,顶层设计还不够具体,路线图还不够清晰,更多地还依赖于由下而上的实践探索。这是一个应该引起足够重视的问题。比路线图设计更加重要的是贯彻落实。一个好的顶层设计,再加上有力的贯彻落实,相信会让教育出现一个令人耳目一新的崭新局面。

哲学说起来离我们很远,其实有时候也离我们很近。哲学是科学加诗,它会让你时常领略到洞悉事物本质的科学之美和慧眼透视红尘的人生诗意。面对纷纷扰扰说不清道不明看不透的社会现象时,不妨偶尔"哲学"一回,来一个"长镜头"聚焦,这样,你可能会轻松些、随意些,也洒脱些。我对朋友这样说,其实,也是在对自己说。

说不清明天的风

几年前,写过一篇回忆自己成长经历的文章。在那篇文章的结尾,我是这样写的:

多年前曾喜爱过一幅油画,我一直把这幅油画放在玻璃台板下醒目的位置:大草原。苍茫的天穹下,一匹长途跋涉风尘仆仆的马。牵马人胳膊搭着征衣,遥望远方。大风扬起牵马人蓬松的长发——油画的名字叫"说不清明天的风"。那种悠远、苍凉的意境,今天我仍然非常喜爱。

这里说的"多年前"其实也不太远，时间应该在1990或者1991年前后。我是在《新华文摘》的彩色插页中看到这幅"说不清明天的风"的。一看到就爱不释手，迟迟不想归还这期《新华文摘》。我去和管图书的女孩商量，她很大度："没关系。你把它剪下去吧！反正，也没多少人看的。看了，也不见得就喜欢这幅画。"从此以后，这幅叫"说不清明天的风"的油画，就总是压在我办公桌上玻璃台板下醒目的位置。其实，吸引我的不仅有画中人物的执著坚毅，还有另外一种情绪扑面而来——迷茫，孤独。从画面看，牵马人虽然神情坚毅，一直往前走，但还是有一种路在何方的疑问挂在眉梢。看那漫天风云，也是苍茫寥廓、万里茫茫。再从画的题目看，"说不清明天的风"，可谓意味深长。这个标题应该表达两层含义：第一，明天，可能是晴空万里，也可能是风雨泥泞，迷惘，茫然；第二，不管怎么样，我总是坚定地往前走，执著，悲壮。

我不是一个懂画的人。这幅画如此吸引我，一方面是来自画面本身强烈的艺术冲击效果，另一方面也和我当时的心境十分契合。虽然只是在家乡的县城里当一名普通语文教师，但却当得有滋有味。20世纪80年代，那是一个风云激荡的思想解放年代，生活中几乎每天都有令人激动的新鲜的东西涌现。因此，我的语文课堂也从不枯燥。什么"黄河第一漂"的是与非，什么电影《红高粱》的得与失，还有女排夺冠，《文汇报》上的连续多篇的义利之辩……用沸腾、激动之类的字眼形容那时的日子毫不为过。而且，当时改革声势浩大，好像马上就要进入一个全新的社会境界。

然而，还没等完全进入20世纪90年代，环境一下子就冷了下来。

当时，社会上有一股强烈的保守、僵化思潮，经济上停滞不前，文化上萧条冷落，教育上口号连天，语文课也不得不提心吊胆，生怕说错了什么或者做错了什么。校园里的风气，尤其是青年教师一下子颓废起来，人们不知道要干什么，也不知道该怎么干，更不知道明天会是怎样的生活，真的是"说不清明天的风"！很佩服油画作者的这个精彩命名，一下子抓住了弥漫于社会角角落落的浓厚情绪；同时，又把这种情绪艺术地传达了出来。迷茫中有执著，彷徨中有坚毅，任风云变幻，世事纷繁，"我"心中自有一份定力，这就是风雨兼程，一往无前，目标——前方！这幅准确地记录了那个时代情绪的画作，虽然被《新华文摘》敏感地转载了，这当然也是一种极高的肯定，但好像还缺少更大、更广泛的社会影响。我没有在别的什么地方看到过任何介绍或评价文字，甚为可惜！也许，作者要传达的这种情绪，压根儿就不合主流舆论的氛围。还真的感谢《新华文摘》的编辑，有眼光也有胆魄，把这幅立意深沉、慧眼别具、敏锐地抓住时代脉搏的画作，介绍给了全国的读者，给许多如我这般深陷迷惘苦闷的青年，带来几分希望和前行的勇气。

每当目光停留在玻璃台板下面的那一片乱云，那一绺被高原上的风扬起来的散发，那一角不够完整但却于疲惫中现出勇毅的马背，心里就会涌起一种无言的感动，时而产生会心的一笑。

两年多以后，邓小平又一次用他那只夹着熊猫烟卷的手，在中国的南海边举重若轻地划了几圈，顿时扭转了那列偏离了航向的时代巨轮。记得是1992年春天的一个星期天的下午，我百无聊赖地躺在床上看书。一位几年未见的朋友翩然来访。不为别的，就是为了专门给我通报邓小平南巡讲话的内容。当时，讲话还没有公开传达，朋友神通广大，特地来向我报告这一早春消息。两个人畅谈了半晌，皆有欢欣鼓舞之色。然后，就是新一轮经济改革启动，社会上涌起"下海"狂潮，淘金大军纷纷南下。而我们呢，涛声依旧，又可以踏踏实实、心安理得地教我们的语文了。从1992年开始，我在教学发展路上也可以说是收获不断。业务上接连获奖，市里的，省里的，直到特级教师等；行政上也相继进入学校管理层和领导班子，虽不算什么官，但也成天忙得不亦乐乎，充实得很。也正是有了这些年的业务积累，到了2000年新世纪钟声敲响的时候，一轮新的人才流动潮又起。我也"随波逐流"，漂泊到了锦绣江南的一所百年名校，开启了一段全新的教育生活。

回顾20世纪90年代初期那段心情黯淡的日子，我由衷地感谢那幅给我带来许多激励和鼓舞的《说不清明天的风》（还有李泽厚。另说）！在2001年举家南迁时，我隐约记得，是把剪来的《新华文摘》插页夹在哪本书中的，后来却一直没有找到。也就是说，我已经有整整十年没有亲炙它的芬芳和恩泽了！动笔写这篇文章之前，我抱着试试看的心理，上网搜一搜，或许能找到与那幅画作相关的信息呢。真是不看不知道，一看吓一跳！原来，《说不清明天的风》乃出自一代名家之手，作者是大名鼎鼎的中国当代著名油画大家，"北京写实画派"的主力干将之一，国家一级美术师艾轩，而艾轩又是著名诗人艾青之子。看了相关的介绍，知道艾轩童年非常不幸，两次遭弃，因此心中总有沉重的孤独相伴，但作品中却总是传达出执著和坚韧。他的油画作品几乎全部以西藏的山水、人物为题材，那片圣洁的土地，已经深深地融入了他的生命。评家认为，艾轩风格的扣人心弦之处是"借景抒怀"。千古荒蛮的草原上，万里冰封的雪域中，人物眼中总是闪烁着对未来的企盼，那"张弛有序、点到为止"的节律、那"箭在弦上，引而不发"的含蓄，那"画龙点睛"的神来之笔，甚至，那蕴藉深远的画作标题，令他的画作犹如悠扬顿挫的音乐华章，洋溢着无穷的艺术魅力……难怪有如此巨大的艺术魅力，难怪有如此精警丰富的思想内涵，难怪连画作的题目都是如此充满诗意！

仔细查证这幅画的创作日期，才知道作于1985年。但是，这又有什么关系呢？重要的是，《新华文摘》让它隆重面世的时机，是在社会最需要它的20世纪90年代；和我的第一次美丽邂逅，是在我正需要它的20世纪90年代。这就足够了！何况，真正杰出的大艺术家，哪一位不是思想的精灵和时代的长子，他们总是会敏感地走在时代的前面，或放歌，或低吟，或呐喊……

走近李泽厚

第一次听到李泽厚的名字，是在徐州师院印锡华先生的美学课堂上。那是1983年前后，我在读本科函授。印先生的美学课上得别具一格：一个淡绿色茶杯，在手里转来转去，口若悬河而条理清晰，听来有行云流水的感觉，黑板上几乎没有一个字。讲到美学的本质时，李泽厚的名字就一次又一次地从印先生行云流水般的话语中浮现出来。于是，如同记住了那个漂亮的淡绿色茶杯一样，我记住了李泽厚的名字，也记住了他的著名的"积淀说"。紧接着，美学课的第一次单元考试，印先生给了我一个很高的分数，都接近满分了。这给我的鼓励不小。

第一次读李泽厚的书，是他的《走我自己的路》。这是一本杂感集，有序跋、随笔、治学谈、答记者问各类文章百余篇。作者自谦说，是"不伦不类，不知是什么味道"，而在我读来，却是在品尝一道道色香味兼具的美味佳肴。给我启迪最大的是作者的"治学经验谈"。李泽厚多次在讲演或文章中强调，"读书要博、广、多，写文章要专、细、深"，要"以小见大"、"由小而大"，"题目越小越好"……高屋建瓴、举重若轻，或长或短、挥洒自如，让我犹如和一位长于思辨的智者聊天，不经意间，时时感受着思想的愉快和幸福。我很庆幸，在这地处偏僻的县中图书馆，是哪位有眼光的先生购来了这本并不算通俗的书，从而没有让我和这位大师失之交臂？

从读《走我自己的路》开始，我喜欢上了写这本书的人，喜欢他的思想，也喜欢他的文笔。我开始买他的书，碰到就买，买到就读；不管是在他大红大紫洛阳纸贵之时，还是在他云游欧美漂泊他乡之日，也不管读懂还是没读懂，总是置之案头，随时浏览。从才华横溢好评如潮的《美的历程》到纵横捭阖振聋发聩的中国思想史"三论"，从溯儒家文化之源寻民族心理之根的《论语今读》到放眼未来前瞻时代学术路径的《世纪新梦》，从严谨推理精心论证且为作者本人极为看重的《己卯五说》到亦庄亦谐谈笑风生无所顾忌俨然一老顽童在忆古怀旧的《浮生论学》……有的极用心地读了，而且不止一遍；有的看了，随兴浏览，无始无终，不知何时开始、何时结束。

我不能说我读懂了多少他的思想，但我可以说认识、理解了这个人，包括他的性格、气质。尽管我从没有见过他，但我曾多次想象过这个人。我印象中的李泽厚，应该是一个自尊、敏感、孤傲、散淡的人；他的话应该不是很多，但一说就是切中要害，而且咄咄逼人；他应该是很有些生活情趣，甘于寂寞，我行我素，不大顾忌外人对他的议论评价。我觉得，真正的知识分子就该保持着这么一种气度，这种气度我把它称为"高贵"。时代不同了，知识分子的"大众化"是历史的一种进步；但至少还应该有一部分人保持这种"高贵"。如果知识分子不能保持着自己的独立思考，只会人云亦云。趋炎附势，或者为一点一己之私拉圈结党、蝇营狗苟，那么，我们的民族、我们的社会还不能说真正地走进了现代。

就这样，我在阅读中和李泽厚成了从无联系更未谋面但却似乎可以随时"晤谈"的朋友。套用一句时髦的话语，我可以说一步一步"走近"这位大师了。曾有人把学者分为两类：一类是学问大于生命，另一类是生命大于学问。学问大于生命的人近乎苦行僧，生命成了学问的奴隶；生命大于学问的人不然，学问滋养了生命、润泽了生命。李泽厚就是那种充溢着浓郁磅礴的生命意识的大学者。我把他视作我的良师益友。

最令我感佩不已的，是李泽厚说过并且一直在实践着的学术品格：50 年前可以写的书不写，50 年后可以写的书不写。是的，李泽厚的研究一直在关注着中国的现实，而且不断地引领着现实的脚步。李泽厚多次谈到他的"吃饭哲学"，其实就是讲大力发展生产力。这个观点是在什么情况下提出来的呢？还是在"文革"后期研究康德哲学写《批判哲学的批判》时阐述的。而在当时，这样说其"犯忌"和"荒谬"是显而易见的。但是，哲学家遵循的是生活的逻辑和真理的召唤，而不大理会世俗的利害。几年以后，发展经济让人民群众过上富裕生活成为中国社会发展的主题。在 20 世纪 80 年代，时代呼唤着、寻找着它的代言人。乘着思想解放的东风，李泽厚如鱼得水、风云际会，在知识界的影响可以说独占鳌头、无人能比。他关于美学的许多论断暂且不说，因为早在 20 世纪 50 年代的美学大论战中，他的名字就和朱光潜这些前辈大师的名字并列在了一起。作为哲学家和思想家，他关于思想解放，关于先进生产力，关于吃饭哲学，关于儒家文化的价值，关于民主、启蒙、现代化等诸多问题的论述，因其哲学的高度而高屋建瓴，因其思想的深邃而烛微洞幽，同时，也因其文字的清新而魅力四射。别的且不去说，单单由李泽厚创造并且为学术界认可的学术概念就有近 20 个之多，诸如已经广为人知的"积淀"、"文化心理结构"、"人的自然化"、"西体中用"、"实用理性"、"乐感文化"、"儒道互补"、"儒法互用"、"历史主义与伦理主义的二律背反"、"情本体"等等。

那时的李泽厚，一直把思考的基点放在现实问题上，一直密切关注着中国现代化的进程。和那时许多学者不同的是，李泽厚一方面不断地介绍引进西方理论，另一方面却努力把他的研究植根于中国的土壤。李泽厚的哲学，可以说是典型的中国式的。应该说，这是李泽厚主动而自觉的学术追求。

进入20世纪90年代以后，李泽厚蛰居国外，但每年都会回国一次，冷静地观察并深刻思考着我们这个飞速变迁的时代。而正在急剧变革的社会，在好多方面好像正按着李泽厚所预见的路线前行。举个例子，20世纪90年代初，举国上下都在讨论市场经济是否需要、是否适合中国国情时，李泽厚就提出大力发展市场经济之后出现的社会问题：首先，承认这是必需的一个过程，同时又提醒人们，经济发展之后，还有一系列的问题要接着研究解决，例如对人的尊重、对人的情感的尊重，不能只见经济不见人。在《世纪新梦》一书中，李泽厚颇具深情地说道："伦理主义营建心理本体，以展现绝对价值，而这个本体又正是风霜岁月的人类整个历史的积淀；那么，伦理主义与历史主义的二律背反将来是否可能在这里获得某种和解？历史感情的进入心理了，是否能使人在创造历史时让那二律背反的悲剧性减少到最低度，从而使人在历史上不再是数字，而可以是各自具有意义的独特存在呢？"而且，还有具体的建设设想："在走向现代化所必须进行的创造性转换中，中国'乐感文化'的深层情理结构，当然不仅存留在文艺领域，而且也存留在其他各种领域中。因此，在严格区分情、理，以理性的法律为准绳（即以现代法治替代传统人治）的转换中，如何重视人间和睦、人际关怀，重调解、重协商而不一切均诉诸冷冰冰的是非裁定或理性法庭，便仍然是值得仔细探讨的。"当时，市场经济大潮尚未卷起，谁关心这些？

很快，十多年后的今天，当我们的经济建设如火如荼但同时也暴露出许多见"物"不见人的问题时，我们开始讨论"以人为本"，开始强调建设和谐社会。我想，这也许就是哲学的魅力！哲学总是走在时代的前面。当然，如果李泽厚始终立足在中国大地上，我们可能会读到更多更为深刻也更为精彩的文字。不过，作为以认识人类情感、思考人类命运为己任的哲学家、思想家，也许，超脱一些，会更冷静更客观更理性地看待这个纷纭复杂的世界，他们卓越的思维之果会更具哲理的光辉。

在我相识或不相识的朋友中，有很多人都把李泽厚作为重要的精神寄托，我也一样。2001年春，我举家南迁苏州。临时带来的部分书籍中，除了教学工作必需的一些工具书，不少可带可不带的书因怕麻烦就放老家了，但李泽厚的十几本论著一本不落。一是担心放在老家容易散失，二是因为多年的浸润使我相信：寂寞无聊之时，困顿倦怠之际，李泽厚会以他的睿智、博大、执著乃至洒脱、散淡，给我以激励和宽慰，滋养和灌溉！来到苏州，读书和买书方便多了。李泽厚近年来出的几本书，我都顺利地从书店买得。例如那本和陈明的对谈录《浮生论学》，就很让我过了一把瘾，并了解了李泽厚过去许多不为人知的事。

李泽厚的理论对20世纪80年代的中国知识界产生了非常积极和深远的影响，这种影响一直延续到20世纪90年代，延续到新世纪的第一个"十年"，而且还将一直影响下去。可以毫不夸张地说，李泽厚的思想影响了几代人。当然，我更希望李泽厚在今天的年轻人中能找到新的知音。但不管怎样，李泽厚应该是幸福的了。作为一个思想家、哲学家，李泽厚仍然保持了当年直面现实、直面人生的品格。

李泽厚说过，从年轻时一直到现在，从没有为钱写过书。从李泽厚身上，我看到了中国知识分子作为社会良心的那份诚挚情怀。

做一颗饱满的种子

曾经反反复复读过吕游的那篇散文《倾听种子》,感慨再三,唏嘘不已。每读一次,就仿佛受到一次生动的人生教育。

文章不长,却意蕴深厚,一连串翔实有力的数字,无可置疑地彰显了种子生命力的顽强、旺盛和坚韧,宣示了种子要成长为大树的决心和不屈不挠。诸如此类的精警之句俯拾即是:

> 一棵普通小草所结出的种子往往在 1 万粒至 10 万粒之间,一株美洲豚草 5 小时内就能结出 80 亿粒草花粉。一粒种子一个小小的生命,几万粒种子几万个生命……怪不得小草的生命力那么旺盛。

> 有埋没,才会有无穷无尽的力量,才会有出头之日;不愿被一时埋没,有可能会被永远地埋没。不管是谁,你若想实现你的高高的梦想,先得去做一颗小小的种子!

> 你可以囚禁世界上的任何东西任何人,可你永远也囚禁不住的是思想,还有种子!其实,我们每个人的心也是一颗种子——一颗红色的种子,值得我们倾尽心力去聆听……

阅读文章,我常常不由自主地想到我们青年教师的成长。在年轻教师的事业之路上,难免会碰到这样那样的挫折和逆境,我们也会产生许许多多的埋怨和痛苦，环境不如意，领导不重视、挫折、压制、倾轧……有太多的因素会导致你产生被埋没的失落感。这些感受可能都没错。在生命的原野上，谁都希望自己长成大树，枝叶婆娑，迎风歌唱；但是，谈何容易！从种子到大树，征程岂止万里？我想说的是，我们不妨学学种子，不管是否有机会发芽，不管能否钻出地面，更不用说能否有模有样地挺立于阳光和薰风之中，你总得努力，总得有一种时刻准备着的姿态，总得为可能中的有朝一日的生命爆发积蓄能量。总之，你得先去做一颗饱满的种子！

怎样成为一颗饱满的种子，事关青年教师的专业发展。这些年，与教师专业发展话题相关的各类研讨会、报告会、培训活动此伏彼起，不少青年教师也很热衷于这些活动，不否认各式各样的专家报告能给人以或多或少的启发与帮助。但是，必须明白的是，教师专业发展最重要的途径不在外界，而在于内因，在于自身发展的强烈需求尤其是持之以恒的努力。在这诸多努力之中，又以坚持不懈的阅读、反思为最紧要路径。不妨给诸位几点小小的建议：

一、有几份相对稳定的阅读对象。读一些本学科的根本书籍，努力打好扎实的学科基础；根据自己的专业特点和兴趣爱好，选择几份有一定品位的报刊（要有本专业的主要刊物，但不要局限于本专业），长期阅读，保持自己精神的敏锐和润泽。教师的工作对象是人，和学生打交道，本质上是一种精神交往，只有自己的精神充满柔韧和爱，才能在和学生的交往中充满活力。同时，好的学科杂志也会给你带来最新的学科信息和教学资讯，让你始终行走在学科教学的前沿地带，而不致"不知有汉，无论魏晋"。

二、养成教学反思的习惯。不必太在意形式，更不要当成应付上级检查的差事，经常地不拘形式地作些教学反思。例如，在备课笔记上圈圈画画，写下教学中的成败得失，添添补补备课时考虑不周的那些内容。在下一轮备课中，这些材料就是最为宝贵的教学资源，尤其是来自你自己的思考所得。

三、善于学习，保持自我。三人行，必有我师。在每一个集体中，甚至每一个同事身上，都有值得你学习的东西。千万不要拒绝学习、固步自封。当然，学习不是机械模仿，关键是汲取营养为我所用，取人之长补己之短。在博采众长的同时，又要形成和保持自己的独特风格。教学永远是"人"的教学。对学生而言，是要"目中有人"；对教师而言，是说教师整个的"人"构成了教学个性和风格的不可重复性。在你以自己全部素养投入教学的同时，你就已经形成了你自己的风格和个性。

四、把学生的全面发展放在第一位。这句话的意思是说，不要把关注的目光仅仅盯在学生的成绩上，这么说绝不是说不要关心成绩。当然要关心学生的成绩，但仅仅关心成绩一味盯着分数会带来很多弊端。例如和一部分成绩不理想的同学的关系紧张，这种紧张往往会反过来影响你的教学；因为过分关注成绩有失公平，导致部分学生对你的不满；过分盯着分数而忽视了对教学内容的全面把握，从而错过了教学中本应该产生的种种精彩和美好，使你的教学缺失学科本来应有的魅力，从而最终使学生对你的课堂以至于对学科失去兴趣。而一旦如此，你所有的努力都将事与愿违。

也许，还有很多的建议对你有用，但是，这最基本的几条如果能够长期坚持，应该能够让我们不断地丰润饱满起来。饱满的种子，未必就一定能发芽和长成大树，常常得经受一番被"埋没"的痛苦。这也是《倾听种子》一文反复告诉我们的。其实，对于年轻教师，被"埋没"的过程往往也是面壁修炼、积蓄能量的过程。一位朋友告诉我，他年轻时曾一次次被"埋没"，被领导安排坐"冷板凳"。但是，每一次坐"冷板凳"的结果，总是能让他以一堆硬梆梆的成果最终脱颖而出。这个案例可能包含两层意思：其一，坐"冷板凳"，看似坏事，其实正可以苦其心志，让人们静下心来做点事。须知要真做点事情，没有一点"静心"和"静气"，是不可能做成的，而我们偏偏处于一个很难让人静心的年代。其二，真正饱满的种子，也是"埋没"不了的。无非是让你的土壤贫瘠一些，让你的环境恶劣一些，阳光少一些，沙砾多一些。但只要你有足够的生命能量，就没有什么东西能真正把你"埋没"。奇丽风景，往往生长在那些悬崖峭壁之上，这恐怕是那些想让种子"埋没"的人所料想不到的。

其实，对于普通而平凡的中小学教师来说，努力去做一颗饱满的种子，不一定是为了去长成大树，那毕竟是可遇不可求的事。如同《倾听种子》所说，"每株巨杉在秋季平均要落下 100 万粒种子，然而，历经种种磨难最后长成大树的仅有极少几粒，长成世界级百米高巨树的最多仅有一粒……"做一颗饱满的种子，首先是为了我们从事的工作。你是一颗饱满的种子，你身边的土壤以及土壤中的微生物都会知道你，会感受到你的丰满和润泽，感受到你的质感，你挺立向上的姿态；而是否有这种丰满和润泽、质感和挺立，同时也影响你自身的工作、精神乃至于生命状态，或者说，就是决定你自身的职业幸福感。

即使是为了我们自己，也要努力让自己饱满起来，做一颗生命力顽强而旺盛的种子。

附录　青年教师发展需求调查问卷及其分析

调查问卷

1. 你对教师职业的态度是：

    A. 热爱，愿意终身从事（　　）

    B. 比较喜欢，愿意努力（　　）

    C. 有机会，可能重新选择（　　）

2. 你对自己的未来发展目标：

    A. 有明确的发展目标并不断努力（　　）

    B. 有目标但努力不够（　　）

    C. 目标尚未确立（　　）

3. 每天下班时，你的感受是：

    A. 很累，但觉得比较愉快，值得（　　）

    B. 不累，也不觉得愉快（　　）

    C. 很累，不愉快（　　）

4. 你认为对你工作帮助最大的是：

    A. 领导关心和师徒结对（　　）

    B. 专家报告等（　　）

    C. 同事合作和自己钻研（　　）

5. 你对自己开公开课的态度是：

    A. 喜欢开课，从中得到锻炼（　　）

    B. 无所谓，和平时一样上（　　）

    C. 不喜欢，害怕失败（　　）

6. 你对自己教育教学过程中的偶发事件态度是：

    A. 写下来认真总结（   ）

    B. 会想一想有哪些经验教训，不习惯动笔（   ）

    C. 过去就算（   ）

7. 你对写教案的态度是：

    A. 写教后感，不断修改完善（   ）

    B. 认真备课，很少修改（   ）

    C. 写的和教的关系不大（   ）

8. 你喜欢哪些类型的业务进修活动？

    A. 读研究生（   ）

    B. 边工作，边自我学习（   ）

    C. 工作太忙，无暇顾及（   ）

9. 你最喜欢哪些类型的业务学习？

    A. 专家学者名师报告（   ）

    B. 身边同事的经验（   ）

    C. 学术沙龙，自由研讨（   ）

10. 你对班主任工作的态度是：

    A. 很愿意，是锻炼自己的好机会（   ）

    B. 不积极也不反对（   ）

    C. 不愿意，太忙太烦（   ）

11. 如果有可能，你希望自己成为怎样的人？

    A. 优秀教师（   ）

    B. 学校行政领导（   ）

    C. 公务员企业管理人员等（   ）

12. 你对技术职称的态度是：

    A. 不断努力希望早点评上（   ）

B. 努力工作但与职称无关（　　）

C. 无所谓（　　）

13. 你对教育科研的认识是：

    A. 教科研促进教学（　　）

    B. 教科研与教学关系不大（　　）

    C. 教科研与教学时间上有矛盾（　　）

14. 你了解本学科教研动态的渠道是：

    A. 自费订阅相关杂志（　　）

    B. 经常进阅览室（　　）

    C. 其他渠道（　　）

15. 你是否经常读书，读怎样的书？

    A. 经常读与业务有关的书（　　）

    B. 有时间看休闲娱乐的书（　　）

    C. 没有时间读书（　　）

16. 你是否读过教育家的教育著作？

    A. 读过三本或三本以上（　　）

    B. 读过一两本（　　）

    C. 没有读过（　　）

17. 你是否读过哲学或科研方法论方面的书？

    A 读过三本或三本以上（　　）

    B 读过一两本（　　）

    C 没有读过（　　）

18. 你对本学科教学专家或名师的了解情况？

    A. 读（听）过三本（位）以上的书（课）（　　）

    B. 读（听）过一至两本（位）的书（课）（　　）

    C. 没有读（听）过他们的书（课），听说而已（　　）

19. 你目前最迫切的愿望是什么?

　　A. 政治进步（　　）

　　B. 待遇提高（　　）

　　C. 业务发展（　　）

20. 你对新课程改革的认识是什么?

　　A. 已有一定认识和了解，有信心（　　）

　　B. 迫切需要学习（　　）

　　C. 以不变应万变（　　）

21. 你工作中最有成就感的事是什么?

　　A. 学生考试成绩好（　　）

　　B. 课堂教学成功，师生关系和谐（　　）

　　C. 受到表扬或奖励（　　）

22. 你工作中最大的困惑是什么?

　　A. 付出和回报不成比例（　　）

　　B. 工作成绩得不到表扬肯定（　　）

　　C. 学生难教成绩不理想（　　）

（问卷设计　苏州一中"叶圣陶教育思想与教师专业发展研究"课题组）

分析报告［略］

后　记

完全没有想到，这本以"教师职业幸福的秘密"为题的书，碰巧赶上了"幸福热"。2011 新年伊始，全国各地的"幸福潮"此起彼伏。"幸福街区"、"幸福省份"、"幸福指数"之类的热词此起彼伏，中央电视台黄金时间也在热播电视剧《幸福密码》。当然，本书所谓的"幸福"同社会上的"幸福热"风马牛不相及，我也一点没有凑这个"热闹"的意思。

这本随笔集的直接缘起，当在几年前编选《什么是真正的教育：50位大师论教育》那本书的日子里。三个寒暑的爬梳剔抉沉潜感悟，我终于从卷帙浩繁的教育经典中，理出了一条既能够涵盖整个教育生活又比较清晰而严谨的逻辑线索，即六个相对独立又相互联系的专辑，其中第五辑的主题便是：教师职业幸福的秘密。我得老实承认，相对于其他专题的沙里淘金，有关教师职业幸福的文献资料非常缺乏，除了苏霍姆林斯基有比较丰富的论述之外，其他教育家的经典论述屈指可数（当然，也有可能是我孤陋寡闻）。我隐隐感觉到，这可能还是一块未经深入开垦的处女地。千百年来，人们对教育有过或宏大或细微的太过丰富的研究和言说。但是，作为教育活动最重要的劳动主体，教师自身的劳动体验却还远未引起人们的重视，这不能不说是教育学的重大缺憾。当然，这个缺憾可能不完全属于教育学，也许更多的是囿于时代背景和社会条件,只有当人们高度重视劳动者自身的幸福感受时,才会从劳动主体的角度探讨如何从劳动过程中获得愉快的体验,即本书所说的教师职业幸福。其实,教师职业幸福不仅仅属于教师,或者说首先不是属于教师自己。教师职业幸福的重要前提,是教育教学的成功劳动;而成功的教育教学劳动,首先受惠的是学生。因此,从这个意义上说,没有教师的职业幸福,也就不可能有学生学习生活的幸福。

  其实,这些想法的产生还可以追溯得更远。也许,由于自己年轻时曾经有过辞任校长职务而进入重点中学做一名普通教师的经历,早在20世纪80年代中后期,我就颇为认真地做过一番教师职业体验方面的研究,也曾在多家教育理论刊物上发表过一些论文。当时就对参考资料的严重匮乏印象颇深,但是当时我以为只是受到自己阅读视野的限制,而全然没有想到这竟是教育文献近乎空白的地方。我的研究并没有继续下去,一方面是因为学养和能力的匮乏而难以深入,另一方面是因为之后不久又兼做起了教育行政工作,工作负担越来越重。于是,刚刚开了头的教师职业感受研究遂告终结。

  但是,这个"梦"仍然顽强地隐藏在心灵深处,一有机会,便会潜滋暗长,颇有一种"此情无计可消除,才下眉头,却上心头"的滋味。尤其是在世纪之初,我又一次辞掉重点中学副校长之职,而漂泊江南一身轻松颇为享受地当一名普通教师时,那种研究的冲动又常常不期而至,不时激发着诱惑着撩拨着我,让我跃跃欲试,欲罢不能。我始终相信,教师职业劳动中有一种令人神往的"幸福密码",如果破解了它,苦点累点,也能坦然安然甚至怡然;而现实生活中愈益严重的教师职业倦怠,更多的是由外在环境的畸形压力以及被扭曲了的教育所致,但同时也毋庸讳言,它确实与我们自身对教师职业劳动特点的理解和认识不足有密切关系。但是,这个问题太过复杂,复杂得常常让我望而生畏。我知道，再想在理论上对此作深入研究可能已是一种奢望，不仅因为学养不足，力不从心难免会捉襟见肘，而且眼下的学术环境也远非从前，现在学术刊物不知比那时翻了几倍，但学术论文发表之难却有过之而无不及。于是，我更喜欢兴之所至随心所欲，写一些兼有叙事风格的教育随笔，记录教育生活中的所见所闻所思所感，不求发表，自娱自乐。有一段时间曾在校园内网上随写随发，时间一长渐渐地也就心情萧索懒于再写，干脆束之高阁藏于箧中了。这次，略作梳理增删，整理出与"教师职业幸福"话题相关的文字，又续写若干短章，努力使其内在逻辑前后联系气脉相通。第一辑，快乐就藏在职业本身。穿越岁月之旅，怀想历史长河中教育先贤的绵绵教泽和大师风采。第二辑，真情是最美的花朵。记述我们熟悉或不熟悉的名师或非名师的教育智慧和教育情怀。第三辑，职业幸福从创造开始。思辨如何驾驭教育劳动，从平凡琐屑的日常教育生活中发现和创造教育之美。第四辑，职业幸福与光环无关。揭示和剖析影响教师职业幸福的种种积弊。第五辑，"相信种子，相信岁月"。回顾反思自己教育旅途上的酸甜苦辣和风风雨雨。

  我知道，这些文字离我理想中的境界差距甚远；不是笔力不逮，而是思想的触角还没有达到那种烛幽探微的深度，思考的理性离事物的本质还隔着重重障碍。在体悟和探索教师职业幸福的路上，我仍然是一个且行且思的旅人。如同编选《什么是真正的教育：50位大师论教育》只是为一项理想中的工程打下基础一样，写作本书，也只能算是一次练笔，一种半成品式的预制件，一次为思维淬火的思想训练而已；犹如教海拾贝，不时地捡起一二贝壳，以不断丰富和充实自己的教育行囊。明天会如何？不知道！旅途漫漫，就这样风雨兼程；不问收获，就这样耕春耘夏。

不揣浅陋，勉成一集，以就正于读者诸君。十分感谢朱永新教授百忙中阅读我的书稿，并慨然作序；也非常荣幸地被朱教授誉为"具有新教育人的气质与追求"，事实上，我也的确从新教育实验中汲取了不少思想养分。同时，也感谢华东师范大学出版社朱永通老师为本书的问世所作的努力。

杨　斌
2011 年 8 月 15 日

图书在版编目（CIP）数据

教师职业幸福的秘密/杨斌著. —上海：华东师范大学出版社，2011.8
ISBN 978－7－5617－8887－5
Ⅰ.①教... Ⅱ.①杨... Ⅲ.①教师—职业—研究 Ⅳ.①G451

中国版本图书馆CIP数据核字（2011）第184183号

大夏书系·教师生活

教师职业幸福的秘密

著　　者	杨　斌
策划编辑	朱永通
审读编辑	周　莉
装帧设计	百丰设计
责任印制	殷艳红
出版发行	华东师范大学出版社
社　　址	上海市中山北路3663号 邮编 200062
网　　址	www.ecnupress.com.cn
电　　话	021－60821666　行政传真 021－62572105
客服电话	021－62865537
邮购电话	021－62869887
地　　址	上海市中山北路3663号华东师范大学校内先锋路口
网　　店	http://hdsdcbs.tmall.com/
印刷者	北京东君印刷有限公司
开　　本	700×1000　16开
印　　张	15
字　　数	210千字
版　　次	2012年1月第一版
印　　次	2014年6月第七次
印　　数	29 001－32 000
书　　号	ISBN 978－7－5617－8887－5/G·5274
定　　价	29.80元

出 版 人　朱杰人

（如发现本版图书有印订质量问题，请寄回本社客服中心调换或电话021－62865537联系）